즐거운 한국어수업을 위한 과제활동 안내서

즐거운 한국어수업을 위한 과제활동 안내서

초판 1쇄 발행 2015년 06월 15일
초판 2쇄 발행 2018년 12월 28일

지 은 이 원해영
펴 낸 이 박찬익
편 집 장 권이준
책임편집 김경수

펴 낸 곳 (주)박이정
주   소 서울시 동대문구 천호대로 16가길 4
전   화 (02)922-1192~3
팩   스 (02)928-4683
홈 페 이 지 www.pjbook.com
이 메 일 pijbook@naver.com
등   록 2014년 8월 22일 제 305-2014-000028호

I S B N 979-11-86402-55-9 (13710)

＊ 책값은 뒤표지에 있습니다

즐거운
한국어수업을 위한
과제활동 안내서

원해영 지음

(주)박이정

저자가 1999년 한국국제협력단(KOICA)의 한국해외봉사단으로 태국의 한 대학교에서 한국어를 가르치기 시작한 이래, 국내외 교육기관에서 외국인학습자에게 한국어를 가르친 지 어느새 15년이 넘어서고 있습니다. 처음에는 외국인에게 한국어를 가르치는 일을 한국 사람이니까 당연히 잘 가르칠 수 있을 것이라는 단순한 사고로 접근했습니다. 하지만 가르치면 가르칠수록 외국인이 학습하기에 한국어의 체계가 어렵고 복잡한 언어라는 생각을 하게 되었고, 그러다보니 점점 배우는 학습자의 입장에서 한국어를 바라보게 되었습니다. 실제로 현장에서는 다양한 음운변동과 예외 사항들, 그리고 복잡한 문법요소 때문에 한국어 배우기를 너무 어려워하고 좌절하며 또 포기하는 외국인도 종종 보게 됩니다. 그래서 한국어교육자의 한 사람으로서 어떻게 하면 외국인학습자들이 좀 더 쉽게 한국어를 익혀서 사용할 수 있을까를 고민하고 쉽고 재미있게 배울 수 있는 방법들을 생각해 보게 되었습니다.

외국인이 한국어를 배우는 목적은 다양하겠지만 궁극적으로는 한국어를 사용하여 의사소통을 하는 것입니다. 의사소통능력 향상을 위해서는 가능하면 한국어를 사용하여 자신의 의사를 표현할 수 있는 기회가 학습자에게 많이 제공되어야 하며, 학습자 또한 적극적인 자세로 한국어를 사용하려고 노력해야 합니다. 그러기 위해서는 한국어학습이 학습자의 의사소통을 자극하는 다양한 활동으로 이루어지는 것이 바람직합니다. 학습자가 실제적 언어자료를 이용한 활동을 통해서 직접 한국어를 사용해볼 수 있는 기회를 많이 접하고 현실적 언어상황에 필요한 표현들을 익힐 수 있을 것입니다.

하지만 한국어 교실에서 사용하는 수업용 교재는 불특정 다수의 학습자를 대상으로 하여 만들기 때문에 특정 학습자나 학습 환경 등을 다방면에서 세부적으로 고려하기 어려운 한계가 있습니다. 마찬가지로 교재에서 제시하는 활동들 또한 성별, 연령, 출신언어권, 출신나라, 나이, 배경지식 등을 포함하는 학습자의 변인들, 그리고 학습하는 지역의 특성, 교실 규모나 여건 등과 같은 특정 환경을 고려한 맞춤형이 아니므로 실제 교실환경과 학습자에 적합한 활동은 그 환경을 가장 잘 파악하고 있는 교사가 현실적 조건에 맞게 재구성해서 사용할 수밖에 없을 것입니다.

이 책은 한국어교사가 학습자와 교육내용 그리고 환경에 맞추어 재미있고 역동적으로 수업을 진행할 수 있도록 주제별로 실제적 상황을 접목한 다양한 과제활동을 제시하고 있습니다. 이 책의 모든 과제는 주제를 중심으로 외국인학습자의 의사소통능력을 향상시킬 수 있도록 실제적인 언어사용 중심으로 구성되어 있습니다.

아무쪼록 이 과제활동집이 한국어교육현장에서 고군분투하며 외국인학습자에게 한국어를 쉽고 재미있게 가르치려고 노력하시는 모든 선생님들께 도움이 되고 새로운 아이디어를 제공할 수 있기를 바랍니다. 나아가 이 책에 수록된 과제활동을 참고하여 보다 풍성하고 다양하며 역동적인 과제를 적용한 활기찬 수업이 되기를 기대합니다.

끝으로 이 책이 나올 수 있도록 흔쾌히 출판을 허락해주신 박이정출판사의 박찬익 사장님을 비롯하여 멋진 편집과 디자인으로 책의 내용을 빛나게 해주신 박이정출판사 편집부 직원분들께 진심으로 감사드립니다. 또한 실제적인 활동 예시를 위해 기꺼이 사진 모델이 되어준 제자 박은경, 이와나가 리코, 주재혜에게 깊은 감사의 마음을 전합니다.

2015년 6월
저자 원해영

차례

Contents

Contents

09 ı 음식과 요리

10 ı 전화

Contents

Chapter III
부록

즐거운 한국어수업을 위한 과제활동 안내서

CHAPTER

I

이 책의 효과적인
사용 방법

이 책의 효과적인 사용 방법

'즐거운 한국어수업을 위한 과제활동 안내서'는 초급 수준의 외국인을 대상으로 한국어를 가르치는 한국어교사가 즐겁고 활기차게 수업을 이끌어나갈 수 있도록 주제별로 다양한 과제활동들을 소개하고 있습니다.

이 책에서 과제활동에 사용한 10개의 주제는 현재 국내 주요 한국어교육기관에서 출판한 초급용 통합교재들을 분석하여 빈도수가 높은 순으로 선정한 것입니다. 그리고 주제별로 과제의 유형과 언어영역을 선정하고 구체적인 과제수행 방법을 제시하였습니다. 한국어교사는 주제, 학습목표, 구성원의 특성, 인원수, 시간, 기자재 활용도 등 그때그때의 교실상황에 따라 효율적인 과제활동을 선택적으로 사용함으로써 효과적으로 수업을 진행할 수 있습니다. 또한 학습목표와 주제에 맞는 적절한 활동은 학습자의 흥미를 고취하고 적극적으로 활동에 참여하도록 유도할 수 있으며 교실 분위기를 즐겁게 유지하는 효과를 거둘 수 있습니다. 무엇보다도 성공적인 과제활동 수행을 위해서는 수업을 진행하는 교사의 보다 꼼꼼한 계획과 준비가 필요합니다.

책 마지막에는 과제활동에 도움이 될 만한 관련 어휘목록과 활동지의 보기를 수록하였습니다. 하지만 지면의 한계상 어휘목록에는 빠진 것들도 많이 있으므로 교실 현장에서 과제를 적용하는 교사가 내용을 보충하여 새로운 어휘목록을 만들 수도 있을 것입니다. 또한 활동지 보기는 형식에 대한 간략한 예시로 제시한 것이므로 보다 세밀하고 교실상황에 적합하게 재구성하여 사용할 수 있을 것으로 생각됩니다.

이 책을 효과적으로 사용하기 위해 먼저 이 책에서 사용하고 있는 용어를 살펴보고 과제활동 진행 순서에 대해 소개하겠습니다.

01 용어 해설

(1) 과제 : 과제란 특정 학습목표 달성을 목적으로 설계되어 학습자가 목표언어를 사용하여 수행하도록 제시되는 임무를 말한다.

(2) 과제활동 : 과제활동은 주어진 과제를 학습자가 목표언어로 수행해 가는 과정에서 겪게 되는 실제적인 언어활동을 말한다. 과제는 과제활동을 통해 구체적인 행동으로 형상화되어 나타난다.

(3) 활동유형 : 활동유형은 실제로 학습자가 수행하게 될 구체적인 활동양상을 분류한 것으로, 주로 쓰기, 말하기와 같은 표현영역을 중심으로 학습자의 활동이 표면적으로 드러나는 방

식에 따라 나누어진다. 세부적인 활동유형에는 대화하기, 질문하기, 발표하기, 인터뷰, 역할극, 칸 메우기, 그림 그리기, 작품 만들기, 정보 듣거나 읽고 답 맞추기, 이야기 만들기, 게임하기, 문제 해결하기 등이 있다.

(4) 수행형식 : 과제를 함께 수행하는 학습자의 수에 따라 개별활동, 짝활동, 모둠활동(그룹활동), 전체활동으로 나눈다.

① 개별활동 : 학습자가 혼자서 과제를 수행하는 활동.

② 짝활동 : 두 명의 학습자가 한 조가 되어 과제를 해결하는 활동

③ 모둠활동 : 학습자 3~5명 정도의 소규모 그룹으로 이루어지는 활동

④ 전체활동 : 학급 구성원 전체가 참여하는 활동. 교사 대 학습자 또는 학습자 대 학습자로 활동이 이루어진다.

(5) 적용영역 : 말하기, 듣기, 읽기, 쓰기 영역 가운데서 과제를 통해 중점적으로 강화하고자 하는 영역을 이르며, 영역별로는 다음과 같은 세부 활동들을 포함한다.

① 말하기 : 대화하기, 질문하기, 토의하기, 토론하기, 발표하기, 인터뷰하기, 역할극하기

② 쓰기 : 단어/문장 쓰기, 생각이나 느낌 쓰기, 번역하기, 칸 메우기, 작품 만들기, 묘사하기

③ 듣기 : 정보 듣고 답 맞히기, 들은 내용 수행하기

④ 읽기 : 지시문 읽고 답 맞히기, 지시문에 따라 행동하기

⑤ 듣고 말하기 : 정보 듣고 줄거리 말하기, 정보 듣고 생각 말하기

⑥ 듣고 쓰기 : 정보 듣고 줄거리 쓰기, 정보 듣고 생각 쓰기

⑦ 읽고 말하기 : 지시문 읽고 줄거리 말하기, 지시문 읽고 생각 말하기

⑧ 읽고 쓰기 : 지시문 읽고 줄거리 쓰기, 지시문 읽고 생각 쓰기

⑨ 말하고 쓰기(쓰고 말하기) : 말한 내용을 글로 쓰기, 글로 쓴 내용을 말로 하기

02 과제활용 순서

(1) 주제를 정한다.

(2) 과제를 통해 강화하고자 하는 언어영역을 정한다.

(3) 학습자의 특성을 분석한다. 학습자의 성별, 나이, 국적, 언어권, 성향 등을 분석하여 학습자가 흥미를 가지고 적극적으로 참여할 수 있는 유형의 과제를 선택할 수 있다.

(4) 활동의 유형을 정한다. 주제와 언어영역, 학습자의 특성에 맞는 과제의 유형을 선택한다.

(5) 활동 구성 인원을 정한다. 과제를 수행할 인원을 결정한다.

(6) 활동을 위한 준비물을 갖춘다. 교사는 활동에 필요한 준비물을 미리 준비한다.

(7) 과제를 제시한다. 학습자에게 수행해야할 과제에 대해 자세히 설명한다. 과제수행 방법과 도출해야할 목표, 수행에 요구되는 시간, 평가 방법 등을 정확하게 알려준다.

(8) 활동 수행에 필요한 환경을 조성한다. 과제수행에 필요한 준비물이나 장치 등을 준비하여 학습자가 과제 수행에 몰입할 수 있도록 한다.

(9) 과제활동을 실시한다. 학습자가 주어진 과제를 수행하여 결과를 도출한다.

(10) 활동의 결과를 평가한다. 교사는 학습자가 만들어낸 과제수행의 결과가 처음에 제시했던 목표와 부합하는지 평가하고 피드백을 준다.

CHAPTER

II

주제별 과제활동의
실제

01 소개

'소개'는 어떤 급수의 교실에서든지 선생님과 친구들을 처음 만나게 되었을 때의 어색함과 낯섦을 없애고 학급 분위기를 부드럽게 만들어 주는 활동입니다. 특히 한국어 수업을 처음 받게 되는 1급 학습자의 경우에는 한국어를 배우는 것에 대한 긴장과 처음 만나는 선생님과 반 친구들에 대한 낯섦으로 인해 다소 위축될 수 있습니다. 이때 재미있고 역동적인 소개하기 활동을 통해 학습자간의 어색함과 경직된 분위기를 누그러뜨릴 수 있습니다. 또한 성공적인 소개하기 활동은 교사와 학습자, 학습자와 학습자가 서로를 알아가면서 관계를 친밀하게 만들어 주며 향후 교실활동을 즐겁고 유연하게 이끌어나갈 수 있는 발판을 마련해줍니다. 수업 첫시간에 소개하기 활동을 잘 활용함으로써 교사는 교실 구성원인 학습자들의 특성을 빨리 파악할 수 있고 계획대로 수업을 진행하는 데 도움을 받을 수 있습니다. 소개하기 활동은 교사가 직접 진행할 수도 있고, 학습자들에게 스스로 해보도록 과제로 제시할 수도 있습니다.

번호	활동 이름	내용	수행 형식	적용 영역
1	자기 소개하기	간단하게 자기 소개하기	전체활동	말하기
2	내 친구를 소개합니다	친구를 다른 사람에게 소개하기	모둠활동	말하고 듣기
3	이름부르기 네 박자 게임	이름 부르기 게임	전체활동	말하기
4	자기소개서 쓰기	자기소개글 쓰기	개별활동	쓰기
5	친구 인터뷰	친구 신상에 대해 인터뷰하기	짝활동	복합
6	사람을 찾습니다	정보를 듣고 맞는 사람찾기	전체활동	듣고 말하기
7	명함 만들기	자신의 명함 만들기	개별활동	쓰기
8	학급 앨범 만들기	앨범에 개인정보 입력하기	전체활동	쓰기
9	우리나라 위인을 소개합니다	각 나라별 위인 소개하기	개별활동 전체활동	쓰고 말하기
10	스타 보고서	세계적으로 유명한 인물 소개하기	개별활동 전체활동	쓰고 말하기

활동1. 자기 소개하기

01 개요

〈자기 소개하기〉는 1급에서 개강 첫날 처음 한국어 수업을 시작할 때 학습자와 교사, 그리고 학습자간 서먹한 분위기를 없애고 친밀감을 쌓을 수 있도록 해 주는 활동입니다. 이 활동의 핵심은 첫째, 한국어 자음과 모음을 몰라도 한국어 문장으로 자기소개를 하도록 하는 것이며, 두 번째는 같은 반 친구의 이름을 빠른 시간에 외우도록 하는 것입니다. 보통 한국어 수업을 시작할 때 교재 구성에 따라 자음과 모음에 대한 학습으로 시작하는 경우가 많은데 한국어에 익숙하지 않은 학습자는 한글 자모의 발음과 쓰기에 대한 학습에서부터 부담을 많이 느낍니다. 따라서 먼저 간단한 인사말과 자기소개를 문장으로 발화하게 되면 자신이 의미 있는 문장을 알고 사용할 수 있다는 것에서 자신감을 갖고 수업을 시작할 수 있습니다. 그리고 친구들의 얼굴을 보면서 이름을 외우려고 노력하는 가운데 친구들과 빨리 친해지고 교실 분위기도 화기애애해집니다. 나아가 향후 여러 가지 활동을 할 때 적극적으로 서로 협조하는 효과를 얻을 수 있습니다.

02 활동안내

- 준비물 : 문장 카드
- 활동영역 : 말하기
- 활동유형 : 전체활동
- 활동시간 : 30분 (10명 단위)
- 활동상 유의점 : 이 활동에서 학습자는 한글 자모를 몰라도 됩니다. 말하기에만 초점을 둔 활동으로 한글 자모에 대한 부담을 덜어주는 것이 중요합니다. 문장 카드를 제시하지만, 글자를 알고 읽는 것이 아니라 문장을 암기하도록 합니다.

① 교사가 2~3개의 간단한 단문으로 자기소개를 한다.

② 교사는 자기소개 문장을 반복해서 천천히 들려준다.

③ 문장카드를 제시한다. 이름, 국적, 직업 등 교체해야 할 단어 부분은 빨간색으로 표시한다.

④ 이름말하기 문장에 학습자가 자신의 이름을 넣어서 말하게 한다.

⑤ 전체 학급구성원이 돌아가면서 이름말하기 문장을 말한다.

⑥ 국적말하기 문장에 학습자가 자신의 국적을 넣어서 말하게 한다.

⑦ 전체 학급구성원이 돌아가면서 이름과 국적을 넣은 두 문장을 말한다.

⑧ 직업말하기 문장에 학습자가 자신의 직업(학생)을 넣어서 말하게 한다.

⑨ 전체 학급구성원이 돌아가면서 이름과 국적과 직업을 넣은 세 문장을 말한다.

⑩ 교사를 비롯해서 전체구성원이 돌아가면서 배운 문장을 이용해 정식으로 자기소개를 한다.

자기 소개하기 예시

1. 인 사 말 : 안녕하세요?
2. 이름말하기 문장 : 나는 **이미자**입니다.(이름 정보)
3. 국적말하기 문장 : 나는 **한국 사람**입니다.(나라 정보)
4. 직업말하기 문장 : 나는 **선생님**입니다.(직업 정보)
5. 추가표현 : 만나서 반갑습니다.(새 표현 정보)

Tip

교사는 자기 소개하기 활동이 끝난 후 친구들의 이름을 기억하는지 확인하기 위해서 학습자를 지명하며 다른 사람들에게 지명한 학습자의 이름을 말하게 한다. 학습자를 지명할 때는 앉은 순서대로 하지 않고 교사가 교실을 돌면서 무작위로 지명한다. 이때 교사는 활동을 진행함과 동시에 다음에 누구를 지명할 것인지를 머릿속으로 미리 생각해서 학습자가 머뭇거리지 않고 빨리 대답할 수 있도록 긴장감을 유지한다.

이름 : 나는 _____입니다.

나라 : 나는 _____사람입니다.

직업 : 나는 _____입니다.

인사말 : 안녕하세요?

인사말 : 만나서 반갑습니다.

활동2. 내 친구를 소개합니다

01   개요

　〈내 친구를 소개합니다〉는 교실에서 내 옆에 있는 친구를 다른 사람에게 소개하는 활동입니다. 이 과제는 교실 안의 친구들을 서로 소개해줌으로써 다른 친구에 대한 정보도 얻고 친숙해질 계기를 마련할 뿐만 아니라 서로 다른 언어를 사용하는 학습자라 하더라도 한국어를 매개로 한 의사소통이 실제로 가능하다는 것을 인식시켜 주는 활동입니다. 서로 다른 언어권의 학습자들이 어눌한 한국어를 통해 친구를 소개하고 또 다른 친구의 정보를 듣고 이해하는 과정이 이 활동의 핵심이라 할 수 있습니다. 따라서 이 활동에서는 가능하면 여러 언어권이 섞여서 앉을 수 있도록 하고 동일 언어권 학습자끼리 붙어 앉지 않도록 자리를 배치하는 것이 필요합니다. 소개하기에 사용할 내용은 이름과 국적, 직업 등입니다. 이 활동은 〈자기 소개하기〉 활동이 끝난 후에 실시하는 것이 좋습니다.

02   활동 안내

- 준비물 : 메모지, 펜
- 활동영역 : 말하고 듣기
- 활동유형 : 모둠활동
- 활동시간 : 20분
- 활동상 유의점 : 한국어로만 말하도록 합니다. 교사가 제시한 문장 이외의 표현은 가능하면 쓰지 않도록 통제합니다. 같은 급수의 학습자라도 한국어 지식 정도가 조금씩 다를 수 있습니다. 상대방이 잘 모르는 표현은 가능하면 사용하지 않도록 지도합니다.

① 학습자의 자리를 평소에 가까이 앉지 않은 사람들끼리 옆에 앉도록 조정한다.

② 자리에 앉은 순서대로 세 명을 한 팀으로 묶는다. 교실 전체 구성원을 세 명씩 한 팀이 되게 한다.

③ 세 명 중 가운데 앉은 사람은 자신의 양쪽 사람과 순서대로 자기 소개하기를 하고 소개받은 정보를 메모지에 기록한다.

④ 가운데 앉은 사람이 자신의 오른쪽과 왼쪽에 앉은 사람을 서로 소개시킨다.

⑤ 소개를 받은 양쪽 두 사람은 각자 소개받은 정보를 메모지에 기록하고 서로 인사한다.

⑥ 처음 팀의 친구 소개가 끝나면 한 사람씩 옆으로 이동하여 다시 세 명씩 새 그룹을 만든다. (예 : ABC – DEF – GHI → BCD – EFG – HIA)

⑦ 처음과 동일한 방법으로 친구를 소개하고 소개 받는다.

⑧ 위와 같은 방법으로 계속 한 사람씩 옆으로 이동하면서 그룹을 만들어 친구 소개하기를 한다.

⑨ 학습자의 친구 소개하기가 끝난 후 교사는 학습자를 지명하여 친구를 소개하게 한다.

친구 소개 예시

마이클	왕단 씨, 이 사람은 제이미 씨입니다. 제이미 씨, 이 사람은 왕단 씨입니다.
왕 단	제이미 씨 안녕하세요?
제이미	왕단 씨 안녕하세요?
마이클	제이미 씨는 영국 사람입니다. 학생입니다. 왕단 씨는 중국 사람입니다. 회사원입니다.
왕단, 제이미	만나서 반갑습니다.

Tip

교사는 본 활동을 시작하기 전에 학습자를 지명하여 활동 시범을 보여준다. 교사와 시범을 보일 학습자는 교사가 면밀히 관찰한 후 눈치가 빠르고 학습이 빠른 학습자로 정하는 것이 좋다. 인사 내용은 순서가 바뀌어도 관계없다.

활동3. 이름 부르기 네 박자 게임

01 개요

〈이름 부르기 네 박자 게임〉은 네 박자 게임을 통해 자신의 이름과 친구의 이름을 소리 내어 부르면서 한국어 발음하기를 공부하는 전체 게임 활동입니다. 또한 이 게임은 학습자들이 같은 반 친구들의 이름을 빨리 외우고 화기애애한 교실분위기를 조성하게 도와줍니다. 새 학기가 시작할 무렵에 새로운 친구들과 한 학급에 배정되었을 때 학습자들은 낯선 환경에 다소 긴장하고 어색해할 수 있습니다. 학습자들이 같이 공부하는 반 친구들의 이름을 알면 친밀감이 생기고 협력성이 높아집니다. 뿐만 아니라 친구들의 이름을 부르는 놀이를 통해 무의식적으로 다양한 발음연습도 하게 되므로 학습효과를 기대할 수 있습니다. 이름 부르기 네 박자 게임 방법은 손바닥으로 네 박자를 맞추면서 세 번째 박자에서 자신의 이름을, 네 번째 박자에서 친구의 이름을 부르는 게임입니다. 박자가 안 맞거나 이름을 잘 못 부른 사람이 벌칙을 받습니다.

02 활동 안내

- 준비물 : 상품(사탕, 연필, 볼펜 등)
- 활동영역 : 말하기
- 활동유형 : 전체활동
- 활동시간 : 20분 ~ 30분
- 활동상 유의점 : 속도를 내서 진행하며 발음 오류를 지적하지 않습니다. 발음 오류를 지적하면 학습자들의 자신감이 위축되고 게임의 흐름이 끊어지게 됩니다. 게임 진행의 포인트는 '재미'라는 것을 잊지 마세요! 벌칙은 '엉덩이로 이름 쓰기' 등과 같이 재미있는 내용으로 마련하세요.

① 책상을 둥글게 배치해서 하나의 커다란 원모양으로 만든다.

② 학습자가 앉은 자리에서 각자 자기 이름을 소개한다.

③ 교사는 학습자들의 이름을 자리 배치 모양대로 칠판에 적는다.

④ 학습자는 친구들의 얼굴과 자리와 이름을 연결해서 외운다.

⑤ 교사가 네 박자 게임의 원리를 설명한다.

⑥ 총기 있는 학습자 한 명을 지정하여 시범을 보인다.

⑦ 다 같이 네 박자 리듬에 맞춰서 연습 게임을 한다.

⑧ 교사는 실제 게임에 들어가기 전 벌칙을 소개한다.

⑨ 실제 게임을 실시한다.

Tip

- 학습자가 동일인의 이름을 많이 부르는 것도 벌칙대상이 된다.
- 이름을 많이 부르는 사람에게 벌을 줄 수도 있고 상을 줄 수도 있다.
- 벌을 줄지 상을 줄지는 교실 상황에 맞게 설정한다.

활동 예시 리듬에 맞게 하나-둘-셋-넷 : 셋과 넷에 게임에서 정한 단어를 말한다.

하나 : 무릎

둘 : 손뼉

셋 : 오른손 엄지

넷 : 왼손 엄지

학습자들이 게임을 원활하게 잘 하면 자신의 이름은 부르지 않고 친구 이름만 부르기로 확장할 수 있다. 세 박자에서는 자신을 부른 친구 이름, 네 박자에서는 자신이 지명할 친구 이름으로 부르는 것이다. 하지만 이 게임은 복잡해서 네 박자 게임의 원리를 모르면 학습자들이 좀 헷갈릴 수도 있으므로 기본 네 박자 게임을 충분히 익힌 후에 확장하는 것이 좋다.

01 개요

　〈자기소개서 쓰기〉는 자신을 소개하는 내용을 정확한 문장으로 표현하도록 하는 쓰기 과제 활동입니다. 쓰기 과제는 자신의 생각을 다듬어서 글로 쓰기 때문에 보다 정확한 표현을 요구합니다. 따라서 학습자가 자신이 말하고자 하는 바를 정확한 어휘와 문법표현을 사용해서 표현할 수 있는지를 점검하는 것이 이 과제의 핵심입니다. 초급1에서 한글 자모와 기본문장구조를 배운 상태에서 한국어로 표현할 수 있는 가장 기본단계가 '자기 소개하기'라고 할 수 있습니다. 그리고 단계가 2급으로 높아지면 앞에서 배웠던 내용들을 이용하여 자신을 다양한 표현으로 소개하도록 학습자를 유도합니다. 특히 말하기로 자기 소개하기를 한 후에 쓰기 과제를 제시하는 것이 효과적입니다. 왜냐하면 말하기로 자기소개를 할 때 다른 친구들의 이야기를 들으면서 자신이 몰랐던 어휘나 표현들을 학습하게 되며, 새롭게 배운 내용들을 활용하여 자기를 소개하는 글을 쓰면 쓰기 표현이 더욱 풍부해질 수 있기 때문입니다.

02 활동 안내

- 준비물 : 활동지 (자개소개서, 부록 참조)
- 활동영역 : 쓰기
- 활동유형 : 개별활동
- 활동시간 : 30분
- 활동상 유의점 : 학습자가 개별적으로 질문하는 어휘나 표현은 전체 학습자에게 알려주어 과제수행과 관련된 새 정보를 공유할 수 있도록 합니다.

03 활동 순서

① 자기소개와 관련된 표현을 익힌다.

② 교사가 개요표 작성하는 방법을 소개한다.

③ 학습자에게 개요표를 작성하게 한다.

④ 교사가 개요표를 점검하고 피드백을 해준다.

⑤ 학습자가 개요표를 보면서 자기 소개하는 글을 문장으로 쓴다.

⑥ 교사는 학습자의 글을 읽고 수정할 사항을 체크한다.

⑦ 학습자는 수정 사항을 참고해서 새 지면에 다시 쓴다.

⑧ 완성된 자기소개서를 교사에게 제출한다.

⑨ 소개내용에 대한 평가를 붙여서 돌려준다.

Tip | 자기소개서 쓰기 단계

1단계 : 자기소개와 관련된 표현 익히기
2단계 : 개요표 작성하기
3단계 : 자기 소개하는 글쓰기
4단계 : 점검하기
5단계 : 고쳐쓰기
6단계 : 발표하기

자기소개서 쓰기 예시

제 목		자기 소개
소 재		①이름 ②나라 ③나이 ④직업 ⑤취미 ⑥인사말 ⑦희망 ⑧마무리
개요	처음	⑥인사말 : 안녕하세요? ①이름 : 저는 ○○○입니다.
	중간	②나라 : 미국사람입니다. ③나이 : 스물한 살 ④직업 : 학생 ⑤취미 : 농구
	끝	⑦희망 ⑧마무리하는 말

본 글 1 (수정 전)	안녕하세요? 나는 제임스입니다. 나는 미국사람입니다. 나는 미국사람 남자입니다. 스물한 살입니다. 나는 직업은 대학생입니다. 나는 농구입니다. 만나서 반갑입니다.
본 글 2 (수정 후)	안녕하세요? 나는 제임스입니다. 나는 미국사람입니다. 나는 남자입니다. 스물한 살입니다. 제 직업은 대학생입니다. 나는 농구를 좋아합니다. 만나서 반갑습니다.
교사평가	참 잘했습니다. '–입니다'와 '–습니다'를 연습하세요.

활동5. 친구 인터뷰

01   개요

〈친구 인터뷰하기〉는 수업시간에 배운 어휘와 표현을 이용하여 친구들을 대상으로 직접 정보를 찾아보도록 하는 과제활동입니다. 다양한 언어권의 학습자들로 이루어진 교실에서 화자와 청자에게 모두 익숙하지 않은 한국어만을 사용하여 주어진 과제를 수행하도록 함으로써 한국어를 사용한 의사소통이 가능하다는 자신감을 학습자들에게 심어줄 수 있습니다. 질문 내용은 교사가 미리 똑같은 질문을 몇 개 선정하고 나머지 두세 개 정도는 개별적으로 질문내용을 작성하도록 합니다. 질문의 내용은 과제를 수행하는데 주어지는 시간에 따라 3~10개 정도로 다양하게 활용할 수 있습니다. 시간이 충분하지 않은 상태에서 이 과제를 실시하는 경우에는 교사가 질문을 모두 정해주는 것이 시간낭비가 없이 효율적이며, 시간이 넉넉하다면 학습자가 스스로 질문거리를 생각해 보도록 유도하는 것이 좋습니다. 과제 수행 방법은 질문지를 참조하여 일대일로 인터뷰가 진행되도록 하며 인터뷰한 내용을 인터뷰지에 기록하도록 합니다.

02   활동 안내

- 준비물 : 활동지(인터뷰지, 부록 참조)
- 활동영역 : 복합(말하고 듣기, 쓰기)
- 활동유형 : 짝활동
- 활동시간 : 20분
- 활동상 유의점 : 인터뷰를 실시할 때 특정 인물에 인터뷰가 몰리지 않도록 하며, 평소에 말할 기회가 많이 없는 친구들에게 인터뷰를 요청할 수 있도록 교사가 가이드라인을 정해줍니다. 예를 들어, '본인의 양옆 사람에게 인터뷰하는 것을 금지한다'와 같습니다.

① 인터뷰의 목적과 방법을 설명한다.

② 인터뷰지를 나누어주고 인터뷰의 내용을 설명한다.

③ 인터뷰지에 학습자가 추가할 내용을 쓰도록 한다.

④ 교사는 학습자가 추가한 내용을 점검하고 수정한다.

⑤ 교사는 인터뷰 시간과 준수사항을 설명하고 인터뷰 개시를 알린다.

⑥ 학습자별로 인터뷰할 대상자를 찾아 인터뷰를 실시한다.

⑦ 학습자는 인터뷰와 동시에 인터뷰한 내용을 기록지에 쓴다.

⑧ 교사는 활동시간을 체크해서 종료를 알린다.

⑨ 과제활동이 끝난 후 학습자별로 자신이 인터뷰한 대상에 대해 간략히 소개하게 한다.

인터뷰 질문 예시	1. 이름이 뭐예요?
	2. 어느 나라 사람이에요?
	3. 무슨 일을 해요?
	4. 직업이 뭐예요?
	5. 몇살이에요?

04 확장 활동

친구 인터뷰하기 과제는 과제가 끝난 후에 말하기 형식(발표하기)나 쓰기 형식(정리하기)으로 확장할 수 있다.

활동6. 사람을 찾습니다

01 개요

　　〈사람을 찾습니다〉는 주어진 정보를 듣거나 읽고 해당 인물을 찾아내는 과제활동입니다. 언어학습에서 과제가 주로 학습자의 언어 수행능력 파악을 위해 말하기로 실현되는 경우가 많은데 이 과제는 입력된 정보를 정확하게 이해했는지에 대한 학습자의 언어 이해능력을 점검하기 좋은 과제입니다. 새로 반이 형성되고 얼마 되지 않았을 때 수행하면 긴장감도 있고 흥미롭게 진행할 수 있습니다. 가능하면 〈자기 소개하기〉 또는 〈친구 소개하기〉와 같은 과제를 수행한 후에 실시하면 학습자가 어느 정도 정보를 가지고 있기 때문에 도전 의욕이 상승하므로 더 효과적입니다. 이 과제는 학습자 대 학습자, 또는 교사 대 학습자로 진행할 수 있습니다. 활동의 재미와 긴장감을 높이기 위해서 팀 대결로도 진행할 수 있습니다. 교사는 활동 진행을 위해서 과제 수행방법과 규칙, 벌칙 등을 미리 정해야 합니다. 진행 방법은 학습자가 제시되는 정보를 듣고 해당되는 사람이 누구인지 맞히는 것이며 답을 말하려면 먼저 손을 들어 교사의 지명을 받은 후에 말하게 합니다.

02 활동 안내

- 준비물 : 학습자 정보(교사용)
- 활동영역 : 듣고 말하기
- 활동유형 : 전체활동
- 활동시간 : 15분
- 활동상 유의점 : 이 과제는 학급 구성원들이 서로에 대해 어느 정도 알고 있는 상태에서 진행해야 하며 교사는 학급 구성원에 대해 정확하게 알고 있어야 합니다. 학습자 서로 간에 정보가 전혀 없으면 흥미를 유발하기 어려워 활동이 원활하게 진행되지 않을 수 있습니다.

활동 순서 1 (팀별대결 : 교사 대 학습자)

① 학급 구성원을 두 개의 팀으로 나눈다.

② 교사가 활동 방법과 규칙을 설명한다.

③ 벌칙을 정한다.

④ 본 활동에 앞서 두세 차례 연습활동을 실시한다. 연습 시에는 학습자가 잘 알고 있는 교사나 연예인 등의 정보 제시로 재미를 더한다.

⑤ 본 활동을 실시한다. 교사가 정보를 말한 후 학습자가 답을 맞힌다.

⑥ 본 활동이 끝난 후, 팀별로 정답수를 체크하고 답을 많이 맞힌 팀을 우승팀으로 선정한다.

⑦ 진 팀이 벌칙을 수행한다.

활동 순서 2 (팀별 대결 : 학습자 대 학습자)

① 학습자를 인원수가 같게 두 개의 팀으로 나눈다.

② 교사가 활동 방법과 규칙을 설명한다.

③ 벌칙을 정한다.

④ 교사와 함께 연습 활동을 실시한다.

⑤ 본 활동을 실시한다. 두 팀 구성원이 돌아가면서 교대로 정보를 제공하면 상대팀이 답을 맞힌다. (축구에서 승부차기와 비슷함)

⑥ 활동이 끝난 후에 정답을 많이 맞힌 팀이 이긴다.

⑦ 진 팀이 벌칙을 수행한다.

활동 예시	– 이 사람은 누구입니까?
	이 사람은 일본에서 왔어요.
	여자예요. 안경을 썼어요.
	은행원이에요.

활동7. 명함 만들기

01 개요

〈명함 만들기〉는 학습자가 직접 자신을 소개하는 간단한 명함을 만드는 과제활동입니다. 이 과제는 초급1 단계의 초기에 진행하여 학습자들이 각자 자기소개에 필요한 핵심 단어들을 익히도록 하는 데 목적이 있습니다. 명함을 만들면서 이름, 국적, 나이, 성별, 직업 등과 같은 자신의 정보에 대한 표현을 정확하게 알고 사용하게 될 뿐만 아니라 다른 친구의 명함을 받아서 거기에 있는 정보들도 함께 공부하게 되므로 자기소개와 관련된 어휘를 실제적 상황을 통해 학습하게되는 효과가 있습니다. 그리고 작품을 만드는 과정에서 재미있고 자연스럽게 어휘를 익힐 수 있습니다. 명함에 들어갈 내용을 이름, 국적, 연락처(전화번호, 이메일, 주소...), 사진, 나이, 성별, 직업 등 여러 가지를 나열한 후 학습자가 선택적으로 사용하도록 하면 학습자 개개인에 따라 개성 있는 명함을 만들 수 있습니다.

02 활동 안내

- 준비물 : 명함용 용지, 칼라펜 또는 색연필, 사진
- 활동영역 : 쓰기
- 활동유형 : 개별활동
- 활동시간 : 15분
- 활동상 유의점 : 명함에 들어갈 내용은 가짓수를 제한해서 학습자가 자신의 명함을 꾸미는 데 우선 순위가 있는 것을 선택하도록 합니다.

03 활동 순서

① 다양한 종류의 실제 명함을 소개한다.
② 명함에 들어갈 내용을 소개하고 칠판에 나열한다.

③ 학습자에게 자신의 명함에 넣을 내용을 선택하게 한다.

④ 명함용 용지를 1명당 학급의 구성원 수만큼 나누어 준다.

⑤ 학습자는 자신의 명함을 만든다.

⑥ 만든 명함을 다른 학습자와 교환한다.

⑦ 학습자가 각기 다른 명함을 학급 구성원 수만큼 가지고 있어야 과제가 종료된다.

명함 예시

이름	홍길동	
국적	한국	
전화번호	010-1234-5689	사진
이메일	123@korea.com	
성별	남	
직업	의사	

Tip

사진 대신에 자신의 얼굴을 그림으로 그리게 할 수도 있다. 또는 자신이 좋아하는 동물이나 꽃 등의 그림으로 대신할 수도 있게 한다.

활동8. 학급 앨범 만들기

01 개요

　〈학급 앨범 만들기〉는 담당 교사와 학습자들로 이루어진 학습 구성원들의 사진첩을 공동 활동으로 만드는 학급 전체 과제활동입니다. 자기 소개하기 수업이 마무리 될 무렵에 단원을 총정리하는 과제로 실시하면 좋습니다. 각각의 사진 아래나 옆에 정보를 기입하는 난을 만들고 그곳에 개개인의 정보를 본인이 직접 적습니다. 학습자는 자신의 개인 정보를 해당란에 직접 써 넣는 과정을 통해 자기 소개하기의 내용을 정리할 수 있습니다. 하나의 책자 안에 학급 구성원들의 이름, 국적, 성별, 나이, 전화번호와 이메일 등 연락처까지 전체 정보가 들어 있어서 실제 생활에서 활용 가능성이 큰 과제활동이라 할 수 있습니다. 덧붙여, 사진첩 처음 부분이나 끝 부분에 단체 사진을 찍어서 첨부하면 학급의 결속력을 높일 수 있습니다. 앨범은 한 장에 한 사람의 정보가 들어가 있는 책자로 만들 수도 있고, B4나 A3와 같은 큰 용지 한 장에 모든 학습자가 다 들어가도록 만들 수도 있습니다. 앨범을 완성한 후에는 일정 기간동안 교실게시판에 전시해서 학습자들이 열람할 수 있게 합니다.

02 활동 안내

- 준비물 : 활동지(사진첩 형식, 부록 참조), 잘 나온 개인 사진, 풀
- 활동영역 : 쓰기
- 활동유형 : 전체활동
- 활동시간 : 30분
- 활동상 유의점 : 사진첩에 들어갈 정보는 이름, 나이, 성별, 국적, 연락처 등 기본정보 이외에도 본인이 자신을 알리고 싶은 내용(취미나 특기, 장점 등)을 쓸 수 있도록 빈칸을 두고 이것을 활용하도록 설명합니다.

03 활동 순서(책자)

① 메모지에 자신을 소개할 글을 간단히 쓰게 한다.

② 교사가 학습자의 글을 읽고 오류를 피드백 해 준다.

③ 활동지를 학습자에게 나눠 준다.

④ 학습자는 활동지 사진란에 사진을 붙인다.

⑤ 학습자는 활동지 소개란에 자신의 정보와 소개글을 입력한다.

⑥ 교사는 학습자의 활동지를 모아서 게시판에 붙인다.

⑦ 학습자들이 친구들의 소개 글을 보고 인사말을 적는다.

⑧ 학습자들이 작성한 개별 소개지를 모아서 학급앨범을 만든다.

Tip

한 장의 전체 앨범을 만들 경우에는 수업시간에 각자 소개하는 글쓰기까지 한 후 학습자들이 쉬는 시간에 개별적으로 돌아가면서 앨범지를 채워가도록 한다. 한 명이 끝난 후에 다음 사람에게 넘기는 방법으로 앨범지를 완성한다.

활동9. 우리나라 위인을 소개합니다

01 개요

〈우리나라 위인을 소개합니다〉는 학습자가 자기나라의 위인을 친구들에게 소개하는 과제활동입니다. 이 과제는 학습자로 하여금 자기나라의 위대한 인물을 한국어로 다른 나라 사람들에게 소개함으로써 자신의 나라에 대한 자부심도 갖고 한국어로 소개하기 연습도 하게 하는 데목적이 있습니다. 어느 나라든지 나라를 위해 헌신하고 국민들의 존경을 받는 위인이 있기 마련입니다. 학습자들은 이 과제활동을 통해 자기나라의 위인을 친구들에게 소개할 뿐만 아니라다른 나라의 위인들에게 대해 알 수 있는 기회를 갖게 됩니다. 위인 소개는 위인의 이름과 직업, 나이, 생존기간, 나라를 위해서 한 일, 사람들에게 존경받는 이유 등을 중심으로 내용을 구성하게 합니다. 초급 2에서 다루기 좋은 과제입니다. 활동은 먼저 각자 개별적으로 위인에 대해 쓰고 그것을 발표하는 형식으로 진행합니다.

02 활동 안내

- 준비물 : 활동지(부록 참조)
- 활동영역 : 쓰고 말하기
- 활동유형 : 개별활동, 전체활동
- 활동시간 : 30분
- 활동상 유의점 : 원활한 과제활동을 위해 학습자가 소개할 위인에 대한 정보를 수업 전에 미리 수집해 오도록 합니다.

03 활동 순서

① 교사는 학습자들이 수행해야 할 과제를 수업 전에 미리 소개한다.
② 학습자별로 자신이 소개할 위인을 정하고 위인에 대한 정보를 수집해 온다.(교실 밖)

③ 교사가 활동지를 나누어 주고 작성 방법을 설명한다.

④ 학습자는 활동지에 조사해온 위인 정보를 기록한다.

⑤ 교사는 쓰기 과정 중에 교실을 돌아다니면서 학습자의 오류를 지적하고 고치게 한다.

⑥ 쓰기 활동이 끝나면 학습자들은 돌아가면서 자신의 조사한 위인에 대해 발표한다.

⑦ 학습자들의 발표가 끝난 후 가장 감명 깊은 위인을 선발한다.

Tip l 위인 소개에 필요한 항목
1. 이름
2. 나라
3. 고향
4. 성장과정
5. 생존기간
6. 업적, 나라를 위해서 한 일
7. 존경받는 이유/ 소개하는 이유

활동10. 〈스타 보고서〉

01 개요

　〈스타 보고서〉는 세계적으로 유명한 스타(인물)에 대해 조사해서 한국어로 발표하는 과제 활동입니다. 이 과제는 '영화배우, 가수, 운동선수, 경제인, 정치인, 과학자' 등 실제 우리 사회에서 왕성하게 활동하고 있고 인기 있는 유명인을 소개 대상으로 삼아 그 대상에 대해 조사하고, 수집한 정보를 수업시간에 배운 한국어를 사용해서 표현하도록 하는 데 목적이 있습니다. 학습자가 조사해서 발표할 대상을 수업시간에 미리 정한 후에 과제를 수행하도록 합니다. 스타의 범위는 '영화배우, 운동선수, 가수, 연예인, 경제인, 정치인...' 등 다양하므로 수업시간에 학습자가 흥미를 가지는 대상 또는 수업 내용과 관련이 있는 대상으로 분명하게 정하고 그 범위에 포함되는 유명 인물을 선정을 선정해서 소개합니다. 학습자는 과제로 선정된 인물에 대해 '생년월일, 직업, 국적, 약력과 주요 활동, 특징' 등을 중심으로 정보를 조사해서 문장으로 작성합니다. 교사는 학습자의 활동이 잘 진행될 수 있도록 조사의 범위와 가이드라인을 미리 정해줍니다. 이 과제는 주로 교실 밖 활동으로 진행되며 과제 활동의 결과를 교실에서 발표하게 합니다.

02 활동 안내

- 준비물 : 활동지(조사 목록, 부록 참조)
- 활동영역 : 쓰고 말하기
- 활동유형 : 개별활동, 전체활동
- 활동시간 : 30분
- 활동상 유의점 : 학습자가 과제의 대상으로 선정하는 인물에 대해 교사는 일절 개입하지 않습니다. 자신이 선정한 인물에 대해 잘 조사하고 설명하는 것이 이 과제의 관건임을 잊지 마세요.

① 교사는 과제의 내용에 대해 설명한다.

② 학습자별로 자신이 소개할 유명인을 선정한다.(인물이 겹치지 않도록 대상 인물을 교실에서 결정한다)

③ 교사는 학습자가 찾아와야 할 정보에 대해 소개한다.

④ 교사가 활동지를 나눠주고 기록 방법에 대해 설명한다.

⑤ 학습자는 선정한 인물에 대해 정보를 수집하고 활동지에 작성한다.(교실 밖)

⑥ 학습자는 조사해온 자료를 바탕으로 인물소개하기 글을 작성한다.

⑦ 교사는 학습자가 글을 쓰는 동안 점검하고 오류를 수정하게 한다.

⑧ 학습자는 최종적으로 정리한 내용을 발표한다.

⑨ 발표가 모두 끝난 후에 내용이 가장 흥미로운 인물을 뽑아서 '오늘의 인물'로 선정한다.

Tip ı 스타 조사 목록

1. 이름
2. 성별
3. 나이
4. 국적
5. 활동분야(직업)
6. 주요업적 또는 작품
7. 매력 포인트

장소와 위치

　'장소와 위치'를 주제로 한 활동은 주로 우리가 일상생활에서 자주 접하는 공간들을 중심으로 고안된 활동입니다. 초급에서는 일상생활에서 자주 이용하게 되는 공공장소를 중심으로 직업관련 어휘와 위치 표현을 학습을 하게 됩니다. 예를 들어, '학교'와 같이 학습자가 늘 접하는 장소를 중심으로 하여 식당, 시장, 은행, 마트, 백화점, 병원, 공원, 우체국 등의 장소 어휘를 학습하게 되며, 그 장소에서 학습자가 접하게 되는 사람을 중심으로 학교와 선생님, 은행과 은행원, 병원과 의사, 간호사 등으로 직업 어휘를 확장해 나갈 수 있습니다. 또한 장소와 관련해서는 그 장소가 있는 위치를 같이 설명할 수 있습니다. 이 주제의 과제활동은 장소와 위치를 나타내는 어휘와 특정 장소에서 일어나는 행위를 나타내는 타동사류 등을 목표 표현으로 하여 간단한 문장으로 나타낼 수 있도록 내용을 구성합니다. 거주지를 비롯한 특정 장소의 위치와 특정 장소에서의 업무에 대한 정보를 수집하는 정보 찾기, 장소에 대한 경험을 이야기하는 의사표현, 그리고 그 장소에서 하는 일을 역할극이나 직접 수행해 보도록 하는 문제해결 등의 활동을 실시할 수 있습니다.

번호	활동 이름	내용	수행 형식	적용 영역
1	집약도 그리기	집 약도 그리고 설명 쓰기	개별활동	쓰기
2	우리집에 오세요	자기 집에 가는 방법 설명하기	전체활동	말하기
3	장소 이름 빙고게임	장소 이름 익히기	전체활동	쓰고 말하기
4	우리 동네 공공기관 찾기	공공기관 직접 찾아가기	짝활동	복합
5	약속 장소 찾아가기	약속장소를 찾아가서 친구들을 만나기	개별활동 모둠활동	복합
6	공공기관 이용 시나리오 쓰기	공공기관에서 경험할 수 있는 상황을 설정해서 대본으로 작성	모둠활동	말하고 쓰기
7	공공기관 이용 역할극	공공기관에서 일어날 수 있는 상황을 설정해서 역할극으로 제시	모둠활동 전체활동	말하기
8	메모지 보고 길 찾아가기	길 안내 지시문에 적힌 대로 따라 가기	짝활동	읽기
9	가구 배치도 그리기	방의 가구 위치 설명하기	개별활동	쓰고 말하기
10	스피드 게임	물건, 장소 이름 말하기 게임	전체활동	복합

활동1. 집약도 그리기

01 개요

〈집약도 그리기〉는 현재 자신이 살고 있는 집과 그 주변에 있는 장소들의 명칭을 정확하게 이해하고 사용할 수 있도록 하기 위한 목적을 가진 과제활동입니다. 장소에 대한 명칭과 위치 관련어들을 학습한 후 이를 실제적 상황에 적용시켜서 사용할 수 있도록 하는 과제로 장소의 이름과 위치를 한 번에 학습할 수 있는 실용적 활동입니다. 학습자는 먼저 자신의 집 주변의 상가와 건물들의 위치를 알아보고 집을 중심으로 해서 약도를 그립니다. 그리고 그 약도에 대한 설명을 한국어 문장으로 씁니다. 이 과제는 선행학습으로 장소 이름과 위치어에 대한 학습이 이루어진 후에 실시합니다. 과제 수행을 위해 학습자에게 자신이 살고 있는 곳 주변의 건물이나 가게 등을 미리 찾아오게 합니다.

02 활동 안내

- 준비물 : 활동지(부록 참조)
- 활동영역 : 쓰기, 말하기
- 활동유형 : 개별활동
- 활동시간 : 30분
- 활동상 유의점 : 장소 이름은 학습자가 스스로 찾아서 적도록 합니다. 약도에 표시할 집주변 장소는 최소한 10개 이상 등으로 지정해서 약도가 너무 느슨하지 않도록 합니다.

03 활동 순서

① 과제 전 활동으로 학습자들에게 집 주변에 있는 장소에 대해 미리 알아오게 한다.
② 학습자가 수행해야할 과제를 설명하고 활동지를 나눠준다.

③ 학습자들은 활동지에 자신의 집을 중심으로 하여 주변에 있는 장소들의 위치를 그린다.

④ 약도에 그린 장소에 각각의 이름을 적는다.

⑤ 학습자가 약도를 다 그린 후에 교사는 학습자가 쓴 장소명이 맞는지 철자법에 대해 확인을 한다.

⑥ 철자법 확인과 수정을 마친 후 약도 아래의 글쓰기란에 장소의 위치를 설명하는 글을 쓴다.

⑦ 위치 설명 시에는 약도에 나타난 모든 장소에 대한 위치를 설명하도록 한다.

⑧ 쓰기가 끝난 후에 과제를 제출한다.

⑨ 교사는 과제 점검 후 오류를 체크하여 학습자에게 돌려준다.

⑩ 학습자는 과제의 오류를 수정하여 다시 써서 제출한다.

약도 예시

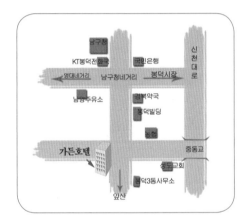
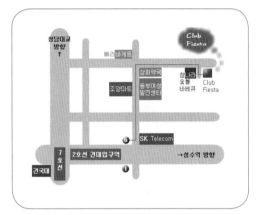

04 확장 활동

확장 활동으로 학교를 중심으로 학교 주변에 대한 약도 그리고 설명하는 활동을 실시할 수 있다.

활동2. 우리 집에 오세요

01 개요

〈우리 집에 오세요〉는 학습자가 자신의 집의 위치와 찾아오는 방법에 대해서 소개하고 설명하는 과제활동입니다. 집으로 찾아가는 방법을 설명하기 위해서 누구나 다 아는 장소를 기준으로 잡는 것이 좋습니다. 대부분 학습자들은 학교 주변에 사는 경우가 많아서 보통 학교를 기준으로 잡아 설명하는 것이 무난합니다. 하지만 경우에 따라서는 지하철이나 버스를 이용하는 경우도 있으므로 버스정류장이나 지하철역 또는 알려진 공공건물을 기준으로 잡을 수도 있습니다. 이 과제의 핵심은 자신의 집 주변에 있는 가게나 공공기관 등의 장소 이름과 위치어를 정확하게 사용하여 듣는 사람에게 자신의 집으로 가는 정보를 전달하는 말하기 활동이라 할 수 있습니다. 이 과제는 선행학습으로 〈집약도 그리기〉를 실시한 후에 수행하면 도움이 됩니다.

02 활동 안내

- 준비물 : 활동지(집약도 그리기 참조)
- 활동 영역 : 말하기
- 활동 유형 : 전체활동
- 활동 시간 : 30분
- 활동상 유의점 : 발표자는 약도를 보면서 말할 수 있지만 문장을 보지는 않도록 합니다. 교사는 학습자의 집 약도를 사전에 받아서 학습자가 정확하게 장소와 위치를 말하는지 확인하면서 듣습니다.

03 활동 순서

① 과제 전 활동으로 학습자에게 집주변의 가게와 건물 등에 대해 조사해 오게 한다.
② 학습자들에게 수행해야 할 과제를 설명하고 활동지를 나눠준다.

③ 학습자는 학교나 집에서 가까운 버스정류장, 지하철 역 중 하나를 선택해 출발점으로 삼아 집으로 가는 길을 약도로 그린다.

④ 약도에는 출발점에서부터 목적지인 집까지 거쳐 가는 장소가 모두 표시되도록 한다.

⑤ 약도그리기가 끝난 후에 한 명씩 앞으로 나와서 자신의 집에 가는 길을 설명한다.

⑥ 다른 사람은 발표를 듣고 궁금한 것이나 이해가 안 되는 부분은 질문한다.

⑦ 교사는 학습자의 집 약도를 보면서 학습자가 제대로 설명하는지 확인한다.

집약도 예시

수퍼마켓		
우리집 부동산	문구점	
	PC방	
		학교

활동3. 장소 이름 빙고게임

〈장소 이름 빙고게임〉은 초급에서 알아야 할 장소의 이름을 정확하게 외우고 있는지를 빙고게임을 통해 확인하는 학급 전체의 게임 활동입니다. 이 게임을 통해 학습자가 한국어 사용의 성취감을 느끼고 할 수 있다는 자신감을 가지는 것이 중요하므로 게임의 방법이나 과정을 지나치게 어렵게 하거나 승패를 강조하는 것은 바람직하지 않습니다. 게임이라는 놀이를 통해 자연스럽게 어휘를 학습하도록 하는 데 이 활동의 의의가 있습니다. 게임의 목적은 재미있게 장소를 외우도록 하는 데 있으므로 학습자에게 미리 장소를 충분히 외울 시간을 줘서 학습자들이 '빙고!!'를 외칠 수 있는 기쁨을 골고루 누릴 수 있도록 하는 것이 중요합니다. 빙고게임은 빈칸에 주제에 맞는 단어를 써 넣은 후 구성원이 돌아가면서 단어를 하나씩 부르는 방식으로 진행합니다. 불리는 단어가 자신의 빙고칸에 있으면 체크를 해서 빙고조건이 갖춰지면 '빙고'를 외칩니다.

※빙고조건 : 가로줄, 세로줄 또는 대각선줄로 그 줄의 단어가 모두 체크되었을 때를 "한줄"이라 하고 몇 줄을 채웠을 때 '빙고'로 할 것인지를 정한다.(부록 참고)

02　활동 안내

- 준비물 : 빙고 용지
- 활동 영역 : 쓰고 말하기
- 활동 유형 : 전체활동
- 활동 시간 : 20분
- 활동상 유의점 : 게임 시작 전에 빙고게임에 사용할 어휘에 대해 충분히 외울 수 있는 시간을 줍니다. 이 게임은 단어 테스트용이 아님을 교사가 명심해야 하며 놀이로 재미있게 진행할 수 있도록 합니다.

① 게임의 법칙에 대해 설명한다.

② 가로와 세로로 같은 숫자의 칸이 만들어진 용지를 학습자들에게 나누어 준다.

③ 각각의 칸에 학습자가 알고 있는 장소 이름을 마음대로 넣도록 한다.

④ 학습자들이 칸을 다 메웠는지를 확인한다.

⑤ 단어를 부를 학습자들의 순서를 정한다.

⑥ 학습자들은 순서대로 자신이 쓴 장소 중의 하나씩을 큰 소리로 말한다.

⑦ 다른 학습자들은 발표자의 장소이름을 듣고 자신에게 그 장소가 있으면 체크한다.

⑧ 빙고조건을 만족시킨 학습자는 '빙고'라고 외치고 게임에서 빠진다.

⑨ 마지막까지 빙고를 하지 못한 학습자가 그 게임의 패자가 된다.

빙고판 예시 : 과일이름 쓰기

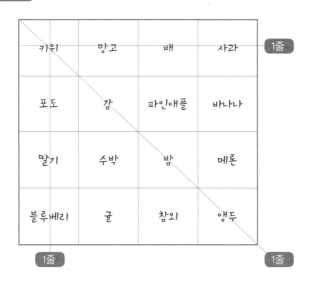

Tip

학습자가 빙고판의 단어를 선택해서 부를 때 빨리 '빙고'를 외칠 수 있도록 전략적으로 단어를 선택하도록 힌트를 준다.

활동4. 우리 동네 공공기관 찾기

01 개요

　〈우리 동네 공공기관 찾기〉는 교실에서 배운 장소 이름을 이용하여 학습자가 실제 자신의 동네에 있는 공공기관을 찾아보는 과제입니다. 학교를 중심으로 학교 주변에 있는 공공기관을 찾아보게 해도 되고 학습자 각각 자신이 살고 있는 동네의 공공기관을 찾아보게 해도 됩니다. 정보의 정확성을 위해서는 교사가 위치를 알고 있는 학교 주변 공공기관을 과제로 이용하는 것이 좋습니다. 학교 주변 공공기관은 과제 수행 학습자뿐만 아니라 다른 친구들에게도 유용한 정보가 될 수 있으니까요. 〈공공기관 찾기〉 과제는 교사가 제시하는 공공기관 이름을 보고 학습자가 스스로 길을 물어서 그 장소에 찾아가는 것인데 짝활동으로 진행하면 좀 더 활발하게 진행될 수 있습니다. 과제로 제시하는 공공기관은 은행, 우체국, 주민센터, 경찰서, 병원, 소방서, 방송국, 문화센터, 도서관, 백화점 등으로 교사가 먼저 그 위치를 잘 파악한 후에 과제를 하도록 해야 과제수행이 성공적으로 이루어졌는지 확인하기가 용이합니다. 학습자들은 공공기관을 찾기 위해서 길을 찾아가는 과정에서 과제 수행을 위해 필요한 한국어를 구사하게 됩니다.

02 활동 안내

- 준비물 : 찾아야 할 공공기관 목록
- 활동 영역 : 복합
- 활동 유형 : 짝활동
- 활동 시간 : 자유
- 활동상 유의점 : 학습자가 택시를 타고 편리하게 장소로 가지 않도록 중간 지점의 인증샷 등 가는 도중에 몇 가지 확인 지점을 지나가도록 하는 조건을 부여합니다.

① 교사가 과제활동으로 찾아야 할 공공기관 목록(5개 정도)을 작성한다.

② 공공기관 목록은 꼭 찾아야 할 것과 여분으로 찾을 것을 구분하여 표시한다.

③ 학습자 2명씩 조를 만든다.

④ 수행해야 할 과제를 설명하고 공공기관 목록을 조별로 나눠준다.

⑤ 학습자는 목록을 받아 수업 후 목표로 제시된 공공기관을 찾아간다.

⑥ 공공기관을 찾았을 때는 목록에 체크하고 그 공공기관 앞에서 인증 사진을 찍는다.

⑦ 공공기관의 관리자(정문경비, 안내원...)에게 직접 방문한 증거로 사인을 받는다.

⑧ 학습자는 자신이 찾은 공공기관의 이름을 기록하고 찾아가는 방법을 글로 쓴다.

⑨ 수업시간에 각자 찾은 공공기관을 소개하고 인증사진을 보여준다.

⑩ 공공기관 위치와 찾아가는 방법을 글로 써서 제출한다.

Tip

과제로 제시되는 공공기관 5개 중 팀별로 꼭 찾아야 할 장소를 다르게 제시한다.

04　확장 활동

　학습자가 찾아가는 장소에서 할 수 있는 일을 한 가지씩 지정해서 수행하도록 과제를 구성하면 지정장소에서 하는 일을 살펴볼 수 있는 계기가 되며 장소 찾기가 더 의미있는 활동이 될 수 있다.

공공기관 목록과 과제수행 방법

순서	공공기관		수행 여부	관계자 사인
☆1	이름	주민자치센터	○	홍길동
	큰 건물	은행 옆, 파출소 뒤		

☆ : 꼭 찾아야 할 장소

활동5. 약속 장소 찾아가기

01 개요

〈약속 장소 찾아가기〉는 수업시간에 배운 장소 중 한 군데를 약속 장소로 정한 후 학습자들이 각각의 집에서부터 스스로 약속 장소까지 찾아오게 하는 과제활동입니다. 보통 언어수업이 교실수업으로 끝나는 경우가 많아서 학습자들이 교실에서 배운 언어기술들을 실제 상황에서 사용하는 것을 많이 두려워하는 경향이 있습니다. 실제 약속 장소로 스스로 찾아오는 과제는 학습자에게 한국어 사용과 한국 생활에 자신감을 주기 위한 활동이라 할 수 있습니다. 약속 장소는 일반인들이 많이 찾는 공원이나 시내 중심가와 같은 공공장소로 휴일에 학습자들이 활용할 가능성이 높고 한국문화를 체험할 수 있는 곳으로 정하는 것이 좋습니다. 약속은 가능하면 수업이 끝난 오후나 휴일에 잡아서 단체로 움직이지 않고 혼자 또는 친구와 함께 스스로 찾아가도록 합니다. 정해진 인원이 모두 약속 장소에 모이면 그것으로 과제수행은 성공적으로 끝이 납니다. 하지만 과제수행이 끝났다고 해서 거기서 종료를 하게 되면 약속 장소까지 나온 보람이 없겠죠. 다 같이 과제 수행 성공을 축하하면서 약속 장소에서 할 수 있는 일련의 활동, 예를 들면 같이 차 한 잔 또는 식사를 하거나 영화를 보는 등의 후행 활동을 연계하면 학습자의 성취감도 높이고 단합도 되는 일석이조의 효과가 있을 것입니다.

02 활동 안내

- 준비물 : 장소 적힌 쪽지
- 활동 영역 : 복합
- 활동 유형 : 개별활동, 모둠활동
- 활동 시간 : 자유
- 활동상 유의점 : 이 활동은 교실수업 외에 야외에서 수행하는 활동이므로 휴일 전날에 제시하는 것이 좋습니다. 학습자가 각각 뽑은 장소를 다른 사람과 공유하지 않도록 주의를 줍니다. 가능하면 집에 돌아가는 길에 약속 장소가 적힌 메모지를 하나씩 전해줍니다.

① 교사는 학습자 수대로 쪽지를 준비한다.

② 약속 장소는 시내에서 갈만한 장소로 서너 군데(학습자 3~4명당 한 장소) 선정한다.

③ 장소는 가능하면 버스나 지하철을 이용할 수 있는 곳으로 정한다.

④ 쪽지에 각 장소를 나눠서 적고 잘 접는다.

⑤ 교사는 과제의 내용과 수행에 필요한 사항을 알려준다.

⑥ 장소가 적힌 쪽지를 섞어서 학습자들에게 하나씩 뽑도록 한다.

⑦ 학습자들은 각자 쪽지에 적힌 약속 장소와 시간을 확인한다.(다른 사람과 공유하지 않는다)

⑧ 학습자들은 대중교통을 이용하여 약속 장소에 간다. 이때 대중교통 이용 인증 사진이 필요하다.(교실 밖)

⑨ 약속장소에 예정된 인원(3~4명)이 모두 모였을 때 인증 사진을 찍는다.(교실 밖)

⑩ 인증사진을 교사의 휴대폰으로 전송하고 교사가 이를 확인하는 문자를 보내면 활동이 종료된다.

Tip | 약속 장소로 활용할 수 있는 장소

1. 서점
2. 지하철역 만남의 광장
3. 패스트푸드점
4. 백화점
5. 영화관
6. 시청 앞
7. 놀이공원

약속 장소에 모인 인원들이 그곳에서 함께 한 활동을 발표하게 하거나 그날 경험한 일들을 글로 써서 제출하게 한다.

활동6. 공공기관 이용 시나리오 쓰기

01 개요

〈공공기관 이용 시나리오 쓰기〉는 수업시간에 학습한 내용을 바탕으로 각 공공장소에서 현실적으로 일어날 수 있는 상황을 가정하여 대화를 만드는 과제활동입니다. 해당 공공장소에서 일어날 수 있는 상황과 등장인물을 설정하고 인물들 간의 대화를 상황에 맞게 글로 써보는 활동입니다. 이 활동은 학습자들의 상상력을 자극하여 특정 장소와 상황에서 일어날 수 있는 일들을 한국어 대화로 재구성해 보도록 합니다. 팀활동으로 실시하면 상황 설정에 대한 다양한 아이디어를 얻을 수 있으며 팀원간 협력을 통해 한국어 구사능력도 높아지게 됩니다. 과제를 통해 학습자는 특정 장소에서 기본적으로 요구되는 대화를 상황을 통해 미리 익힐 수 있습니다.

02 활동 안내

- 준비물 : 시나리오용 활동지
- 활동 영역 : 말하고 쓰기
- 활동 유형 : 모둠활동
- 활동 시간 : 30분
- 활동상 유의점 : 시나리오가 무엇인지에 대해 학습자들이 이해하여야 합니다. 과제를 진행할 때는 학습자들의 창의성에 중점을 두며 내용상의 허점이나 형식의 오류 등에 대해 교사가 지나치게 개입하지 않도록 합니다. 시나리오를 구상할 때는 팀원의 수를 감안해서 등장 인물을 설정하도록 미리 주의를 줍니다.

03 활동 순서

① 학습자 3~4명으로 구성된 팀을 만든다.
② 교사는 과제에 대해 설명하고 팀별로 시나리오 용지를 나눠준다.
③ 시나리오 용어와 작성법에 대해 간단히 설명한다.
④ 팀별로 장소를 선정한다.(장소 선정은 학습자들의 자율성을 존중하여 선택하도록 하되, 팀

별로 장소가 겹치는 경우에는 뽑기나 가위바위보 등을 통해 공정하게 결정하도록 한다.)

⑤ 팀별로 시나리오로 작성할 상황을 설정한다.

⑥ 상황에 맞는 배경, 인물 설정, 인물들의 역할, 구체적 대화 상황 등을 논의한다.

⑦ 논의한 내용에 맞게 시나리오를 작성한다.

⑧ 초고 시나리오를 읽으면서 내용을 수정한 후 제출한다.

⑨ 교사는 학습자들의 시나리오를 점검하고 표현 오류를 수정한다.

Tip | 시나리오 작성법

1. 배경과 장소를 설정한다.
2. 전체 스토리를 구상한다.
3. 등장인물을 설정하고 인물의 성격과 역할을 정한다.
4. 인물들 간에 일어날 상황에 대해 구체화한다.
5. 스토리에 따라 대화를 만든다.
6. 지문을 대화 앞에 넣는다.

시나리오 쓰기 내용 예시

병원 : 의사 만나 증상 말하고 진찰 받기

약국 : 약사에게 증상 말하고 약 사기

은행 : 통장 개설하기

우체국 : 고향에 편지나 소포 부치기

영화관 : 영화표 예매하기

백화점 : 옷 구매하기

---

04   확장 활동

이 과제는 시나리오를 작성한 후 실제 학습자들이 배역을 정해 역할극을 해 보게 하는 활동으로 이어질 수 있다. 시나리오 작성과 역할극은 수업시간이나 교실 상황에 따라서 둘 중의 하나만 실시하거나 둘 다 실시할 수 있다.

활동7. 공공장소 이용 (역할극)

01 개요

〈공공장소 이용 역할극〉은 공공장소에서 일어날 수 있는 다양한 상황과 대화를 설정하고 배역을 정해 역할극을 수행하도록 하는 과제활동입니다. 이 과제를 수행하기 위해서는 〈시나리오 쓰기〉 과제가 선행되는 것이 좋습니다. 시나리오를 통해 학습자들이 설정한 상황과 대화를 점검하고 이것을 직접 역할극으로 시연해 보도록 합니다. 역할극 과제는 학습자들이 현실 상황에서 일어남직한 상황에 직접 대면해 봄으로써 현실적으로 필요한 표현들을 익히고 상황에 적절하게 대처할 수 있도록 해 줍니다. 이 과제가 재미있는 활동이 되기 위해서는 학습자들의 적극적인 참여가 필수적입니다. 따라서 시나리오 작성에서부터 대화 만들기, 배역 정하기, 소품 준비하기 등 역할극에 필요한 준비를 학습자들이 스스로 하도록 합니다. 교사는 시나리오 작성 단계에서 언어적으로 잘못되거나 적절하지 못한 표현을 수정해주고 학습자가 요청할 경우에만 도움을 주도록 합니다. 역할극은 동영상으로 촬영하여 향후 수업자료로 활용하면 학습자들의 관심과 참여도를 높일 수 있습니다.

02 활동 안내

- 준비물 : 상황별 셋팅, 캠코더
- 활동 영역 : 복합
- 활동 유형 : 모둠활동, 전체활동
- 활동 시간 : 팀별 5분 내외(시나리오 작성시간 제외)
- 활동상 유의점 : 역할극을 수행할 때 역할을 맡은 학습자들은 대본을 보지 않고 외워서 하도록 지도합니다. 따라서 사전에 미리 연습할 시간이 필요합니다. 분위기를 조성하기 위해 연극 진행에 필요한 간단한 도구를 지원합니다. 예를 들어, 영화 촬영 시 촬영시작을 알리는 슬레이트 등을 소품으로 준비하면 효과가 있습니다. 그리고 사전에 학습자들에게 자신이 하는 연극이 촬영될 것임을 있음을 알려주면 극 몰입도가 높아집니다.

① 교사는 수행해야 할 과제에 대해 설명한다.

② 학습자들 3~4명씩 팀을 만들고 시나리오 용지를 나눠준다.

③ 팀별로 역할극을 할 장소를 정한다.(교사는 팀별 장소가 겹치지 않게 조정한다)

④ 팀은 토의를 통해 각 장소에서 일어날 상황을 설정한다.

⑤ 설정한 상황에 맞게 한국어로 시나리오 대본을 만든다. 교사는 교실을 돌아다니면서 수정과 조언을 한다.

⑥ 시나리오에 맞춰서 팀원 각자의 역할(배우 또는 스탭)을 정한다.

⑦ 시나리오 대본에 맞게 연습하면서 내용을 보완, 수정한다.

⑧ 역할극에 필요한 무대 세팅과 간단한 분장을 한다.(책상, 의자 등, 교실 안의 도구 이용)

⑨ 역할극을 하기 전에 감독이 역할극 상황에 대해 간단히 소개한다.

⑩ 역할극을 수행한다.

⑪ 교사는 역할극 하는 장면을 동영상으로 촬영한다.

04 확장 활동

역할극을 실시할 때 촬영한 동영상을 학습자의 표현이나 발음 등의 말하기 오류 교정에 사용할 수 있다.

활동8. 메모지 보고 길 찾아가기

01 개요

〈메모지 보고 길 찾기〉는 메모지에 씌어있는 길 안내 설명서를 보고 정확한 장소에 찾아가도록 하는 과제활동입니다. 이 과제는 약도나 그림지도와 달리 한국어로 된 글만 보고도 내용을 정확하게 이해하고 지시한 곳으로 찾아갈 수 있도록 하는 활동이며 학습자들의 한국어 이해 정도를 파악할 수 있습니다. 과제 안내문에 최종 목적지는 밝히지 않습니다. 그리고 학습자가 정확하게 과제를 수행했다고 판단되는 장소에서 인증사진을 찍어서 옵니다. 교사는 인증사진으로 학습자가 찾아간 곳이 정확하게 과제에서 지시한 곳인지를 확인해 주고 과제수행 성공과 실패를 알립니다. 성공한 학습자에게는 모종의 보상이, 실패한 학습자에게는 벌칙이 주어지면 학습자의 과제수행 활동을 좀 더 자극할 수 있습니다. 과제수행이 끝난 후에 주어지는 보상과 벌칙은 과제를 설명하는 과정에 꼭 미리 알려주어야 합니다. 과제수행에 실패한 경우, 교사는 학습자가 이해 못한 부분이 어디인지 파악해서 학습이 미진한 부분에 대한 보충을 실시하는 것이 좋습니다.

02 활동 안내

- 준비물 : 길 안내 지시문
- 활동 영역 : 읽고 행동하기
- 활동 유형 : 짝활동
- 활동 시간 : 20분
- 활동상 유의점 : 과제 수행을 수업 시간 내에 실시할지, 수업 후 과제활동으로 제시할지에
　　　　　　　 따라서 목표 장소와 활동 시간을 조절할 수 있습니다.

① 교사는 과제에 제시할 목표 장소를 정한다. 학습자 수만큼(팀 수만큼)의 장소가 필요하다.

② 출발지를 교실로 하여 목표 장소에 찾아가는 방법을 메모에 자세히 쓴다.

③ 메모지에는 목표 지점을 표시하지만 이름을 명시하지 않는다.

④ 행동 설명글은 '오른쪽으로 가세요'처럼 명령형으로 제시한다.

⑤ 두 명씩 한 조로 학습자들을 나눈다.

⑥ 조별로 명령을 담은 메모지를 나눠 준다.

⑦ 학습자들은 자신이 받은 메모지에 쓰인 지시에 따라 장소를 찾아간다.

⑧ 목표 장소에 도착하면 인증사진을 찍고 교실로 돌아온다.

⑨ 교사는 학습자들의 인증사진을 확인하고 과제수행 성공 여부를 알려준다.

길 안내서 예시

'여기'를 찾아가세요.

1. 교실에서 나가서 왼쪽으로 가세요.

2. 계단으로 1층까지 내려가세요.

3. 정문 밖으로 나가서 오른쪽으로 100m정도 걸어가세요.

4. 바로 왼쪽에 '여기'가 있습니다. 어디입니까?

활동9. 가구 배치도 그리기

01 개요

　〈가구 배치도 그리기〉는 학습자가 각자 자신의 방에 있는 가구와 물건의 위치를 그림으로 그리고 그것들에 대한 위치를 글로 쓰고 말로 설명하도록 하는 과제활동입니다. 이 과제를 통해 학습자들은 평소 일상생활에서 자주 사용하는 가구와 물건의 이름을 익히고 위치어를 생활 속에서 자연스럽게 사용할 수 있을 것으로 기대됩니다. 이 과제를 수행하기 전에 우리 주변에서 볼 수 있는 가구와 생활 물품 어휘를 익히는 학습, 그리고 모형으로 제시되는 방과 가구배치도를 보고 물건 위치 말하기와 관련한 학습이 선행되어야 합니다. 교사가 준비한 어휘 이외에도 학습자들이 자주 사용하는 물건들의 한국어 어휘를 알려주면 과제수행에 도움이 됩니다.

02 활동 안내

- 준비물 : 활동지(구조도 참조)
- 활동 영역 : 쓰고 말하기
- 활동 유형 : 개별활동
- 활동 시간 : 20분
- 활동상 유의점 : 활동 전 과제로 학습자 각자의 방의 내부를 사진으로 찍어오는 과제를 수행합니다. 그 사진을 바탕으로 구조도를 그리게 하면 학습자들의 집중도와 흥미를 높일 수 있습니다.

03 활동 순서

① 과제를 시작하기 전, 학습자에게 각자 방의 사진을 찍어오게 한다.
② 교사는 학습자들에게 활동지를 나눠주고 과제를 제시한다.
③ 학습자는 먼저 자신의 방 구조도를 그린다.

④ 자신이 찍어온 사진을 보면서 구조도에 가구와 물건을 위치에 따라 그려 넣는다.

⑤ 구조도 아래에 방에 있는 물건을 나열하고 각 물건의 위치를 설명하는 글을 쓴다.

⑥ 구조도 그림과 글쓰기가 완성되면 방 사진을 교사에게 제출(전송)한다.

⑦ 학습자는 자신의 구조도 그림을 보면서 방의 물건의 위치에 대해 발표한다.(짝활동 또는 교사와 일대일 활동)

⑧ 교사는 학습자가 제출한 사진을 보면서 학습자가 물건 위치에 대해 바르게 설명하는지 체크한다.

Tip

이 과제를 전체활동으로 실시하려면 모든 학습자가 구조도 그리기와 글쓰기 활동이 끝난 후에 실시해야 하므로 시간이 많이 걸릴 수 있다. 따라서 시간이 넉넉하지 않은 경우에는 먼저 쓰기 활동이 끝난 학습자가 교사에게 설명하는 일대일 활동으로 진행할 수 있다.

방가구 위치그리기 예시

방문 맞은편에 옷장이 있습니다.
창문 앞에 침대가 있습니다.
침대 위에 베개가 있습니다.
책상은 옷장 옆에 있습니다.

활동10. 스피드 게임

01 개요

장소를 주제로 한 〈스피드게임〉은 수업시간에서 학습한 장소 이름과 가구 또는 물건의 이름을 스피드게임을 통해 재미있게 익히는 활동입니다. 정해진 시간 안에 설명자의 행동을 보고 장소나 물건의 이름을 맞추는 게임으로 정해진 시간 안에 단어를 많이 맞혀야 하는 시간 제한과 다른 팀과의 경쟁 때문에 학습자들이 긴장감을 가지고 집중하게 되는 활동입니다. 게다가 게임형식의 대결을 통해 교실 활동을 활기차게 할 뿐만 아니라 단어를 빨리 암기하는 효과까지 있습니다. 스피드게임은 설명자가 정답이 되는 단어를 말하지 못하는 대신, 다른 말로 설명하는 방법도 있고, 설명자가 말을 하지 않고 행동으로만 표현하는 방법도 있는데, 학습 단계에 따라서 적절한 방법을 선택할 수 있습니다. 게임을 시작하기 전에 게임 방법을 정확하게 알려주고 시범을 꼭 보여줍니다. 그리고 보상과 벌칙에 대해서도 미리 알려주도록 합니다. 게임 진행을 위해 필요한 사람은 설명자, 대답자, 단어판 드는 사람 등 최소 팀당 3명 이상이 필요합니다. 교사는 게임을 진행하는 사회자의 역할을 맡습니다.

※ 스피드게임 방법 : 부록 참조

02 활동 안내

- 준비물 : 스피드 게임용 단어장 세트(그룹별 대결일 경우 그룹 수대로 세트 준비)
- 활동 영역 : 복합
- 활동 유형 : 전체활동
- 활동 시간 : 30분
- 활동상 유의점 : 행동으로 설명하기일 경우, 설명자는 절대 소리를 내서는 안 되며 행동으로만 보여주어야 합니다. 말하는 설명일 경우에는 설명 내용에 정답인 단어가 포함되면 안 된다는 것을 사전에 정확하게 알려줍니다. 본 게임을 하기 전에 연습게임을 통해 게임의 규칙을 이해하게 합니다.

① 게임에 사용할 단어목록을 만든다.

② 게임을 진행할 팀의 수에 맞게 단어세트를 결정한다.(예시 : 팀별 5단어 등)

③ 선정한 단어를 A4 용지에 하나씩 적는다.

④ 학습자들에게 게임의 방법과 규칙을 설명한다.

⑤ 교사가 전체 학습자들을 대상으로 연습 게임을 한다.

⑥ 학습자들의 팀을 정하고 팀별로 각자의 역할을 정한다.

⑦ 설명자로 선정된 학습자가 앞으로 나온다.

⑧ 단어판을 드는 사람은 답을 맞힐 학습자의 뒤로 가서 선다.

⑨ '시작' 신호와 함께 단어판을 든 사람이 한 단어가 쓰인 단어판을 높이 올린다.

⑩ 설명자가 몸짓으로 단어를 표현하면 그것을 보고 답을 맞히는 사람이 답을 외친다.

⑪ 정해진 시간이 되면 교사는 '스톱'을 외친다.

⑫ 정해진 시간 내에 맞힌 정답의 수가 그 팀의 점수가 된다.

⑬ 모든 팀의 활동이 끝난 뒤 가장 정답수가 많은 팀을 뽑는다.

스피드게임 예시

03 쇼핑

'쇼핑'은 시장이나 백화점, 마트에서 물건을 사는 내용으로 구성되는 주제인데 먼저 한국말로 숫자를 읽는 방법을 익혀서 가격을 물어 보거나 계산하는 법을 학습하게 됩니다. 그리고 물건을 세는 단위와 한국어 고유숫자를 학습하고, 옷, 신발, 과일 등 일상생활에서 자주 사용하고 쇼핑하는 물건들의 이름을 익혀서 실제로 교실 밖에서 사용할 수 있도록 하는 활동으로 구성됩니다. 초급에서 쇼핑은 물건 가격을 묻고 대답하는 문장과 숫자, 물건 세는 단위 등이 주요 학습 내용을 이룹니다. 따라서 과제활동은 판매물건의 종류와 가격, 판매장소의 위치를 알아보는 정보 관련 활동과 한국의 쇼핑문화와 학습자의 개인적 경험을 말하는 활동, 그리고 어떤 물건을 살 것인지 의논하고 결정하는 활동, 쇼핑하는 상황을 가정해서 대화하는 역할극과 학습자가 직접 가게에 가서 쇼핑을 해 보도록 하는 복합적 활동 등으로 다양하게 설정할 수 있습니다.

번호	활동 이름	내용	수행 형식	적용 영역
1	쇼핑 경험 말하기	쇼핑했던 경험 이야기하기	모둠활동 전체활동	말하기
2	만원의 행복	정해진 예산으로 쇼핑계획세우기	모둠활동	복합
3	물건 가격 조사하기	실제로 물건값 알아오기	개별활동	복합
4	전단지 게임	상품 이름과 가격 정보 찾기	전체활동	복합
5	1000원의 재발견	정해진 금액으로 실제 물건 사기	짝활동 전체활동	복합
6	짠돌이의 일주일 식단짜기	실제 물건 값을 알고 식사비용 산정하기	개별활동	쓰고 말하기
7	쇼핑 시나리오 쓰기	특정 쇼핑장소에 맞는 상황을 설정해서 대본 만들기	모둠활동	말하고 쓰기
8	쇼핑하기 역할극	쇼핑 시나리오에 맞춰서 역할극 하기	모둠활동 전체활동	말하기
9	벼룩시장 열기	교육기관 내에서 물건사고 팔기 체험하기	전체활동	복합
10	369게임	게임을 통해 한국어로 숫자 익히기	전체활동	말하기

활동1. 쇼핑 경험 말하기

01 개요

　〈쇼핑 경험 말하기〉는 학습자들이 자신의 나라 또는 한국에서의 쇼핑 경험을 한국어로 이야기하면서 쇼핑에 관한 여러 가지 표현들을 사용하도록 유도하고 쇼핑 정보를 교환하는 말하기 활동입니다. 단순히 '무엇을 샀다'는 표현이 아니라 구체적인 쇼핑 장소와 에피소드 또는 당황스러웠던 일, 실수했던 일, 감동했던 일, 기뻤던 일, 화가 났던 일, 슬펐던 일 등에 대해 서로 이야기를 하는 활동입니다. 또 한국에서 쇼핑할 때 이상하게 생각되었던 서비스에 관한 내용, 물건 살 때 지불 방법 등에 대해 서로의 의견을 교환합니다. 이 과제를 통해 자신의 쇼핑 경험을 말하거나 다른 나라 친구들이 말하는 쇼핑 경험에 대해 들으면서 쇼핑 관련 어휘나 표현들을 익히고 정보를 얻게 됩니다. 최종적으로 학습자들의 발표 내용을 바탕으로 한국의 쇼핑 문화에 대해 정리해 보는 시간을 가집니다. 교사는 학습자들이 모둠으로 이야기를 하는 동안 그룹 사이를 돌면서 이야기의 방향이 엇나가지 않는지, 전원이 활동에 적극 참여하고 있는지 등을 관찰하고, 모르는 단어나 표현 때문에 대화의 흐름이 끊긴 경우 적절한 단어를 소개합니다.

02 활동 안내

- 준비물 : 쇼핑 관련 단어장
- 활동 영역 : 말하기
- 활동 유형 : 모둠활동, 전체활동
- 활동 시간 : 20분
- 활동상 유의점 : 학습자들이 한국의 쇼핑 경험에 대해 이야기를 나눌 때 교사는 학습자들이 한국의 쇼핑 문화에 대해 어떤 생각을 가지고 있건 개입하지 않습니다. 다만 학습자들이 이해하지 못하는 문화가 있으면 객관적인 입장에서 설명해 줍니다.

① 교사는 과제의 취지를 설명하고 학습자 3~4명으로 팀을 구성한다.

② 쇼핑을 화제로 한 대화에 필요한 핵심 단어들에 대한 이해를 확인한다.

③ 주제는 '이상했던 일, 재미있었던 일, 어려웠던 일' 등으로 정확하게 정해준다.

④ 학습자들은 각자 팀별로 주제에 맞게 물건을 산 경험에 대해 이야기한다.

⑤ 팀별로 이야기한 내용을 메모지에 정리한다.

⑥ 모둠활동이 끝난 뒤 각 그룹에서 정리한 내용을 주제별로 전체 발표한다.

⑦ 교사는 발표에서 나온 내용들을 주제별로 간단히 칠판에 정리한다.

⑧ 반복되어 나온 내용에 나온 횟수만큼 숫자를 체크한다.

⑨ 발표가 모두 끝난 뒤 '쇼핑 경험 공감도 1위'를 선정한다.

04 확장 활동

쇼핑 경험 이야기하기 활동이 끝난 후에 자신의 경험과 이야기한 후의 생각을 정리해서 글로 쓰도록 하는 쓰기활동을 실시할 수 있다.

쇼핑 단어장

가격, 값, 상인, 가게, 마트, 백화점, 상가, 지하상가, 할인, 바가지, 덤, 에누리, 구매, 판매, 사다, 팔다, 환불, 교환, 거스름돈, 지폐, 동전, 신용카드, 외상, 불량, 싸다, 비싸다, 깎다

활동2. 만원의 행복

01 　개요

　　〈만원의 행복〉은 1만원이라는 한정된 금액으로 실제로 물건을 얼마나 살 수 있는지 점검함으로써 한국 물가에 대해 직접 느껴보게 하는 과제활동입니다. 구체적으로는 친구나 가족의 생일과 같은 특별한 날을 설정하고 만원으로 파티와 선물을 준비해서 그날의 주인공을 행복하게 만들어줄 수 있도록 상상해서 계획을 세우는 활동입니다. 이 활동은 실제 시중에서 판매하는 물건의 이름과 값을 알고 필요한 물건을 한정된 금액 안에서 성공적으로 쇼핑할 수 있도록 하는 데 목적이 있습니다. 이 과제를 즐겁게 수행하기 위해서는 학습자들이 먼저 어떤 특별한 날을 준비할 것인지에 대해 결정하고 이벤트 계획을 세우는 것입니다. 그 다음 이벤트에 필요한 물건과 선물을 정하고 예상되는 금액을 배정합니다. 이때 총 금액이 만원을 넘으면 안 됩니다. 계획이 끝나면 각자 선정한 물건의 가격을 알아오게 합니다. 만약 실제 물건의 총금액이 만원을 넘으면 다시 물건을 조정을 해야 합니다. 과제가 끝나면 학습자들은 자신의 이벤트 계획을 발표하고 그 중에서 가장 즐겁고 알찬 이벤트를 '만원의 행복'으로 선정합니다.

02 　활동 안내

- 준비물 : 활동지, '만원의 행복' 상장
- 활동 영역 : 복합(쓰고 말하기, 문제해결하기)
- 활동 유형 : 모둠활동
- 활동 시간 : 30분
- 활동상 유의점 : 학습자들의 부지런한 움직임을 위해 준비해야 할 물건의 최저수(예를 들어 5가지 이상)를 제한합니다. 게으른 학습자가 만 원짜리 물건 한 가지만 달랑 사 오는 일이 없도록 말이죠.

① 교사가 과제의 성격과 내용을 설명한다.

② 학습자 3~4명으로 팀을 구성하고 팀별로 활동지를 나눠준다.

③ 팀별로 의논해서 만원을 사용할 특별한 날을 정한다.

④ 학습자들은 파티 계획과 준비사항을 의논하고 활동지에 적는다.

⑤ 팀별로 사야 할 물품을 활동지에 나열하고 예상 가격을 적는다.

⑥ 가게에 가서 필요 물품의 실제 가격을 조사해 온다.

⑦ 예상가격과 실제 가격이 맞지 않으면 만원에 맞게 물품을 조정한다.

⑧ 과제가 끝난 뒤, 팀별로 이벤트 계획과 예산에 대해 발표한다.

⑨ 가장 효과적이고 푸짐한 이벤트를 준비한 팀을 선정해서 '만원의 행복상'을 수상한다.

활동지 예시	
제　목 :	미나 씨 생일 축하 파티
참가자 :	미나, 진호, 경주, 은영
회　비 :	1만원
계　획 :	1. 과자와 음료수를 준비한다. 2. 생일 노래를 부른다.
준비물 :	초코파이 − 2500 비스켓 − 1800 음료수 − 2000 종이컵 − 900 귤 − 3000　　　　　　　　　합계 − 10200

　이 과제를 수행하는 중에 학급구성원 중 생일이나 특별한 날을 맞은 사람이 있으면 그 사람을 위한 실제 행사로 이 과제를 적용할 수 있다. 예를 들어 모든 학습자들이 천 원씩 내고 그 총액 안에서 행사 준비를 하게 한다.

활동3. 물건 가격 조사하기

01 개요

〈물건 가격 조사하기〉는 학습자들이 쇼핑 목록표를 들고 실제로 쇼핑센터에 가서 코너별 물건의 종류와 가격을 조사해 오도록 함으로써 한국어로 사용되는 가격에 대해 익숙해지도록 하는 과제활동입니다. 한국의 숫자와 돈 단위에 약한 학습자들이 직접 가게에 가서 물건의 가격을 알아보게 하고 쇼핑센터 간의 가격비교를 통해 항목별로 싼 곳을 찾아보게 함으로써 실생활에도 도움이 되는 활동입니다. 교사는 학교 주변의 쇼핑센터를 미리 조사하고 항목을 '어류, 육류, 야채류…' 등의 대분류로 나눈 후 학습자에게 나누어 줍니다. 학습자는 직접 쇼핑센터에 가서 대분류에 속하는 물건들을 찾아 이름을 적고 판매단위와 가격을 적는 활동을 실시합니다. 학습자들은 이 과제 수행을 통해 일상생활에서 자주 사는 물건들의 이름을 알고 가격비교도 해 봄으로써 한국생활에 필요한 상품가격 정보를 갖게 됩니다.

02 활동 안내

- 준비물 : 목록표
- 활동 영역 : 복합(쓰고 말하기, 문제해결하기)
- 활동 유형 : 개별활동, 전체활동
- 활동 시간 : 30분
- 활동상 유의점 : 교실 외 과제활동. 조사대상 쇼핑센터와 조사물품의 종류는 학습자들이 과제를 수행하게 될 각 환경에 따라 조절할 수 있습니다.

03 활동 순서

① 교사는 학교 인근의 쇼핑센터 두세 곳을 선정하고 물건을 조사한다.

② 물품의 대항목(예를 들어, 야채코너, 육류코너)을 정하여 쪽지에 적는다.

③ 대항목별 세부목록과 가격을 적을 목록표를 만든다.(예시 참조)

④ 학습자들에게 대항목 쪽지를 한 명당 한 장씩 뽑게 한다.

⑤ 학습자들은 자신이 걸린 대항목에 맞는 세부 목록표를 받는다.

⑥ 학습자는 각각 지정된 쇼핑센터에 가서 항목과 가격을 찾아 적는다.(교실 밖)

⑦ 교실에서 자신의 과제 수행 결과를 발표한다.

⑧ 학습자들은 다른 쇼핑센터와의 가격을 비교하여 항목당 값이 싼 곳이 어디인지 찾는다.

⑨ 물건 값을 조사하는 과정에서 느꼈던 점을 발표한다.

쇼핑센터 대항목 목록

- 생선류	- 유제품류	- 야채류	- 육류류
- 과자류	- 차종류	- 라면류	- 주류
- 과일류	- 냉동식품류	- 건어물류	

학습자가 수행해야 할 과제 목록표 예시

마트이름 : ○○ 마트			
대항목 : 채소 코너			
번호	목록(이름)	중량/단위	가격
1	오이	1개	800원
2	가지		
3	배추		
4	상치		
5	무		
6	당근		
7	고추		
8	시금치		
9	파		
10	감자		

활동4. 전단지 게임

01 개요

　〈전단지 게임〉은 대형마트의 상품광고 전단지에 표시된 가격이나 물건의 이름을 조건에 맞게 빨리 찾아내는 게임 활동입니다. 보통 대형마트의 상품광고 전단지는 컬러인쇄에다가 상품의 사진과 가격을 같이 소개하고 있어서 쇼핑과 관련하여 훌륭한 수업자료가 됩니다. 교사는 활동 전에 수업에 사용할 분량의 마트 전단지를 준비합니다. 그 전단지를 학습자들에게 나눠주고 교사가 조건을 제시하면 학습자들은 조건에 맞는 상품을 찾습니다. 이 활동은 학습자들이 다양한 상품의 이름을 사진과 함께 익힐 수 있으며, 한국어로 사용하는 물건 이름과 가격에 대해서도 익숙해지게 하는 데 도움이 됩니다.

02 활동 안내

• 준비물 : 상품광고 전단지
• 활동 영역 : 복합(듣고 읽고 말하기)
• 활동 유형 : 전체활동
• 활동 시간 : 20분
• 활동상 유의점 : 전단지에 나온 물품은 학습자 수준보다 다소 어려운 단어라도 그림을 보면서 간단히 설명하면 어휘력 확장에 도움이 되므로 학습자 수준에 연연하지 말고 가능하면 전단지의 다양한 물건들을 이용합니다.

03 활동 순서

① 교사는 과제에 사용할 전단지를 준비한다.
② 전단지를 보고 질문할 내용을 만든다.
③ 교사는 학습자들에게 활동 방법을 소개한다.
④ 학습자 2명당 한 장씩 준비한 전단지를 나눠준다.
⑤ 교사가 질문하고 학습자가 대답한다.

⑥ 교사는 질문에 가장 빨리 대답을 한 팀에 스티커를 부여한다.

⑦ 질문하기 활동이 끝난 뒤 획득한 스티커를 확인하고 우승팀을 선정한다.

전단지 질문 예시

1. 물건 중 가장 싼 것은?

2. 물건 중 가장 비싼 것은?

3. 물건 중 할인이 가장 많이 된 것은?

4. 1만원으로 살 수 있는 물건은?(1만원에 가장 가까운 것 고르기)

5. 1천원으로 살 수 있는 물건은?(1천원에 가장 가까운 것 고르기)

6. 묶음 상품 중 1개당 가격이 가장 싼 것은?

7. 묶음 가격이 가장 비싼 것은?

8. 상품 이름이 가장 짧은 것은?

9. 상품 이름이 가장 긴 것은?

10. 1만원으로 몇 가지 종류의 물건을 살 수 있어요?

전단지 예시

04 확장 활동

전단지에 소개된 물건 선물하기. 전단지에 나와 있는 물건들 중 학급의 친구에게 가장 필요할 것 같은 물건을 고르고 그 이유를 설명하게 한다.

01 개요

　〈1000원의 재발견〉은 학습자가 실제로 마트에 가서 1000원어치의 물건을 사게 하는 과제활동입니다. 이 과제는 한국어를 사용하여 한국의 가게에서 학습자가 직접 물건을 사보는 체험을 하는 활동으로, 물건을 사는 과정 중에 실제로 물건의 위치, 물건의 가격 등에 대해 한국인과 대화함으로써 한국어를 실제 상황에 사용할 수 있다는 자신감과 용기를 심어줄 수 있습니다. 게임의 핵심은 1000원이라는 한정된 금액으로 정해진 시간 내에 가장 많은 종류의 물건을 사온 학습자가 이기는 게임으로, 1등은 포상으로 다른 친구들이 사온 물건들을 모두 받게 됩니다. 이 게임은 수업 중에 진행할 수 있으며 교사는 학교 주변의 소형마트들을 미리 알아놓은 후에 학습자들에게 선택할 수 있게 안내해 줍니다.

02 활동 안내

- 준비물 : 현금(1000원×학습자 수/2)
- 활동 영역 : 복합(문제해결하기)
- 활동 유형 : 짝활동, 전체활동
- 활동 시간 : 20분
- 활동상 유의점 : 실제 가게 이용 시간은 10분 정도로 제한함으로써 물건 고르는 시간이 무한정 길어지는 것을 방지합니다. 상과 벌칙을 적절하게 제시하여 게임 활동의 동기를 부여합니다. 제한 가격과 시간은 현실적 상황에 따라 적정하게 조절할 수 있습니다. 물건을 산 영수증을 꼭 받아와야 합니다.

03 활동 순서

① 교사는 과제의 내용과 게임의 규칙을 설명한다.

② 상과 벌칙을 정한다.

③ 학습자를 두 명씩 짝을 지어준다.

④ 학교 안팎의 가게들을 소개한다.

⑤ 팀별로 1000원씩을 지급한다.

⑥ 일정시간에 모든 학습자가 동시에 출발한다.

⑦ 학습자들이 돌아온 후에 팀별로 앞에 나와서 물건과 가격을 소개한다.

⑧ 교사는 칠판에 목록과 가격을 적는다.

⑨ 영수증을 확인한다.

⑩ 우승팀과 꼴찌팀을 선정한다.

Tip

활동에 사용하는 비용은 교사가 일방적으로 지출하기보다는 평소 학급비용으로 모아놓은 경비를 사용하는 것이 좋다. 또는 팀별로 경비를 차출해서 쓰도록 한다.

천원으로 물건사기 게임 규칙

- 제한된 금액, 제한된 시간 안에 가장 많은 물건을 사는 게임
- 시간을 초과하거나 금액을 초과하면 벌칙을 준다.
- 물건을 산 영수증을 가져와야 한다.
- 물건의 종류는 제한하지 않는다.

활동6. 짠돌이의 일주일 식단 짜기

01 개요

　〈짠돌이의 일주일 식단 짜기〉는 저렴한 비용으로 일주일간 먹을 수 있는 식단을 짜도록 하는 과제활동입니다. 이 과제를 수행하기 위해서는 식사로 이용하는 식품의 이름을 알아야 하고 또 그것에 소요되는 비용을 정확하게 알아야 합니다. 예를 들어 점심으로 계란 넣은 라면을 먹는다면 '라면 1개 1000원, 계란 1알 500원 = 1500원' 등과 같이 매 식사시간에 사용되는 식사 준비 비용을 계산할 수 있어야 합니다. 교사는 식단 작성을 위해 재료와 가격을 참고할 수 있는 마트 전단지를 배부합니다. 일주일 동안 매 식사 시간에 무엇을 먹을 것인지를 결정하고 그것에 드는 비용을 계산한 후 일주일 식단을 가장 저렴하게 짠 사람에게 '짠돌이'의 명예를 수여합니다. 단, 이 과제의 전제 조건은 하루에 세 끼를 기준으로 매 끼니마다 다른 종류의 식품이 주요 요리로 나와야 합니다.

02 활동 안내

- 준비물 : 식단표 활동지, 마트전단지
- 활동 영역 : 쓰고 말하기
- 활동 유형 : 개별활동
- 활동 시간 : 30분
- 활동상 유의점 : 하루 3식, 반찬의 수 등 교사는 식단을 짜는 기준을 미리 준비해서 제시해야 합니다. 비현실적인 가격을 제시하지 않도록 하기 위해서는 교사가 생필품 가격정보를 가지고 있어야 합니다.

03 활동 순서

① 교사가 과제의 목적과 내용을 설명한다.

② 식단 짜기의 기준을 제시한다.

③ 식단표 활동지를 나눠 준다.

④ 학습자는 일주일치 식단을 짠다.

⑤ 교사는 학습자가 짠 식단에서 식품과 가격이 맞는지 확인한다.(비용 산정 근거)

⑥ 식단 짜기가 끝난 후, 학습자들이 각자 자신의 식단을 발표한다.

⑦ 가장 적은 돈으로 기준을 만족시킨 식단을 짠 학습자를 선정해서 '짠돌이'상을 수여한다.

⑧ 과제가 끝난 후, 학습자들이 짠 식단을 게시판에 전시한다.

⑨ 후속 활동으로 전시된 식단으로 보고 품평회하기를 실시한다.

식단표 활동지 예시 (밥은 무료)

	월요일
아침	빵 1개 1000원 우유 200mg 700원
점심	밥 돼지고기 100g 2500원 상치 100g 1200원 김치 100g 600원
저녁	밥 버섯 100g 1200원 햄 1/3 800원 계란 1개 500원
총	8500원

04　확장 활동

이 활동은 '일일 식단 짜기', '한끼 식단 짜기' 등 다양하게 활용할 수 있다.

활동7. 쇼핑 시나리오 쓰기

01 │ 개요

〈쇼핑 시나리오 쓰기〉는 '물건 사고팔기' 상황을 가정해서 일어날 수 있는 일을 팀별로 의논해서 시나리오로 써보도록 하는 과제활동입니다. '옷가게, 식당, 커피숍, 술집, 패스트푸드점, 과일가게, 마트' 등 다양한 쇼핑 장소를 설정해서 그 중의 한 곳에서 실제 일어날 수 있는 다양한 상황들을 상상해서 대화로 쓰게 합니다. 이 과제를 성공적으로 수행하기 위해서는 먼저 각각의 쇼핑 장소에서 팔리는 물품 어휘와 단위에 대한 학습이 선행되어야 하며, 물건을 사고팔 때 일상적으로 자주 사용하는 표현들에 대한 학습과 가격 표현에 대한 학습도 이루어져야 합니다. 학습자들은 이 과제활동을 수행함으로써 물건을 사고 팔 때 유용한 표현들을 스스로 찾아보고 상황에 가장 적합한 표현을 찾는 과정을 통해 표현능력을 향상시킬 수 있습니다.

02 │ 활동 안내

- 준비물 : 시나리오 원고, 메뉴판(물품 일람표)
- 활동 영역 : 말하고 쓰기
- 활동 유형 : 모둠활동
- 활동 시간 : 30분
- 활동상 유의점 : 시나리오의 등장인물은 팀 구성원이 모두 배역을 맡을 수 있도록 설정하고 발화의 기회가 골고루 돌아가도록 내용을 구성할 수 있게 지도합니다.

03 │ 활동 순서

① 교사는 과제와 시나리오 작성법에 대해 설명한다.
② 학습자 3~4명으로 모둠활동을 할 팀을 구성한다.

③ 시나리오 용지를 팀별로 나눠준다.

④ 팀별로 가게를 선정한다. 가게가 겹치지 않도록 교사가 중재를 한다.

⑤ 팀은 가게에서 팔 물건과 가격을 정한다.

⑥ 팀별로 각 가게에서 일어날 상황과 등장인물을 설정하고 내용을 구성한다.

⑦ 논의한 내용을 시나리오로 작성한다.

⑧ 교사는 팀별 시나리오를 점검하고 오류를 지적한다.

⑨ 팀별로 시나리오를 고쳐쓰기를 한다.

⑩ 수정 후 다시 제출한다.

쇼핑점별 어휘

과일가게	수박, 포도, 딸기, 사과, 복숭아, 자두, 바나나, 파인애플, 키위, 오렌지
야채가게	오이, 호박, 양파, 버섯, 배추, 무, 당근, 피망, 상추, 토마토, 감자, 고구마, 고추, 파프리카, 브로콜리, 마늘, 옥수수, 시금치, 콩
옷가게	셔츠, T셔츠, 와이셔츠, 블라우스, 치마, 반바지, 긴바지, 자켓, 점퍼, 양말
신발가게	여성구두, 남성구두, 하이힐, 단화, 운동화, 부츠, 앵글부츠, 샌들, 슬리퍼
문구점	공책, 칼, 가위, 자, 풀, 종이, 색종이, 수첩, 볼펜, 연필, 필통, 지우개
편의점	우유, 빵, 과자, 주스, 아이스크림, 우산, 두통약, 소화제, 잡지, 신문, 담배, 교통카드, 손톱깎이, 병따개

Tip | 물건의 단위

사람 한 **명**	종이 한 **장**	옷 한 **벌**
커피 한 **잔**	연필 한 **자루**	신발 한 **켤레**
물 한 **병**	책 한 **권**	방 한 **칸**
우유 한 **통**(한 **팩**)	집 한 **채**	밥 한 **그릇**
꽃 한 **송이**	자동차 한 **대**	시계 한 **개**
나무 한 **그루**	영화 한 **편**	개 한 **마리**

활동8. 쇼핑하기 역할극

〈쇼핑하기 역할극〉은 물건을 사고파는 실제 상황과 유사한 상황을 정해놓고 학습자들이 역할을 나누어 그 상황에 맞게 연기를 하는 역할극 활동입니다. 3~4명의 학습자로 구성된 팀이 각자 '옷가게, 과일가게, 야채가게, 신발가게, 편의점, 문구점, 식당, 커피숍, 술집...' 등 가운데서 하나의 쇼핑 장소를 정하고 그곳에서 실제로 일어날 수 있는 상황을 가정해서 역할극으로 표현합니다. 이 과제는 쇼핑하기와 관련해 학습한 내용을 최종적으로 모의 환경에서 시연해 보는 것이라 할 수 있습니다. 쇼핑과 관련된 활동을 통해 학습자의 실제적 의사소통능력 향상을 목적으로 수행되는 것이므로 역할극은 즉흥적으로 이루어져서는 안 되며 치밀한 계획 아래 진행되어야 합니다. 따라서 이 과제가 성공적으로 수행되기 위해서는 역할극 사전 단계인 〈시나리오 쓰기〉 단계를 거치는 것이 좋습니다. 학습자의 적극적인 참여와 동기 부여를 위해 교실 분위기를 조성하고 간단한 소품 등을 준비하면 더욱 효과가 있습니다.

02   활동 안내

- 준비물 : 시나리오, 각종 소품
- 활동 영역 : 말하기
- 활동 유형 : 모둠활동, 전체활동
- 활동 시간 : 팀당 5분(시나리오 작성 시간, 연습시간 제외)
- 활동상 유의점 : 팀원이 모두 역할극에서 특정 역할을 담당해야 합니다. 팀이 역할극을 시작하기에 앞서 팀의 대표가 극의 줄거리와 구성원이 맡은 역할에 대해 간단히 소개하도록 합니다.

① 학습자 3~4명으로 팀을 구성한다.

② 팀별로 가게를 선정한다.

③ 팀별로 가게에서 일어날 상황을 설정하고 내용을 시나리오로 쓴다.

⑤ 시나리오에 맞게 팀구성원 각자의 배역을 정한다.

⑥ 교사의 점검 하에 시나리오 수정 작업을 한다.

⑦ 완성된 대본을 보고 대화를 연습한다.

⑧ 역할극에 필요한 소품으로 무대를 만든다.

⑨ 팀별 역할극을 진행할 순서를 정한다.

⑩ 전체활동으로 팀별로 돌아가면서 역할극을 수행한다.

Tip

역할극을 할 때는 교실에 있는 물건들을 활용해서 상황에 맞는 소품을 준비하는 것이 좋다. 예를 들어 식당 역할극을 할 때 테이블에 아무것도 없이 그냥 먹는 시늉만 하는 것보다 물병이나 연필 등을 올려놓고 들었다 놨다 하면서 사실적으로 연기하면 극을 진행하는 사람이나 구경하는 사람들이 내용에 더 집중할 수 있다.

활동9. 벼룩시장 열기

01 개요

　〈벼룩시장 열기〉는 교육기관 차원에서 실시할 수 있는 대형 활동이라 할 수 있습니다. 왜냐하면 이 과제는 물건 사고팔기와 관련한 수업이 끝난 후에 실제로 장을 열어서 본인들의 물건을 가지고 와서 팔거나 다른 친구의 물건을 사는 실제 쇼핑 활동이어서 수업이외의 일정 시간을 요하기 때문입니다. 그러므로 한 교실에서 독자적으로 이루어지기보다는 최소한 같은 급수 전체에서 이루어지거나 아니면 기관 전체에서 날을 정해서 벼룩시장을 여는 행사를 실시하는 것이 좋습니다. 사실 벼룩시장은 외국생활을 하는 학습자들에게는 급수와 상관없이 유용하고 즐거운 행사입니다. 벼룩시장이 원활하게 이루어지려면 학습자들이 팔려고 하는 물건을 반별로 또는 급별로 모아서 판매하는 것이 좋습니다. 물건을 가져온 학습자가 자신의 물건에 값을 매겨서 제출하면 판매자로 지정된 학습자가 대신 팔아주는 것입니다. 판매자가 아닌 사람들은 자유롭게 돌아다니면서 물건을 구경하고 흥정하고 살 수 있습니다. 벼룩시장은 학습자들이 자신이 잘 쓰지 않는 물건을 가져와서 팔고 자기에게 필요한 물건을 사갈 수 있어서 실제 생활에 도움이 되는 활동입니다. 다만, 팔려는 물건의 상한가는 미리 지정해 주어서 학습활동이라는 원래 취지가 흐려지지 않도록 관리하는 것이 필요합니다.

02 활동 안내

• 준비물 : 개인별로 판매할 물건, 가격표
• 활동 영역 : 복합(문제해결)
• 활동 유형 : 전체활동
• 활동 시간 : 1시간(자유)
• 활동상 유의점 : 물건 가격의 상한가를 2,000원 이하, 5000원 이하 등으로 미리 정해줍니다.

① 교사가 벼룩시장의 취지에 대해 설명한다.

② 학습자들이 판매할 물건을 가져온다.

③ 각자의 물건에 가격을 매겨 가격표를 붙인다.

④ 각 반에서 판매할 물건을 모으고 판매자를 정한다.

⑤ 판매자는 물건의 목록을 작성한다.

⑥ 정해진 시간에 전체 벼룩시장을 개설한다.

⑦ 판매 물건을 진열할 가판대를 설치한다.

⑧ 반별 또는 급별로 물건을 모아 가게를 열고 물건을 진열한다.

⑨ 학습자들이 자유롭게 물건을 파고 사는 행위를 한다.

⑩ 시장이 마감한 뒤에 판매자는 팔린 물건에 대해서는 수익금을, 안 팔린 물건은 물건을 주인에게 돌려준다.

Tip

시장 활동의 활성화를 위해서 교사들도 벼룩시장에 참여할 수 있다. 자신들이 잘 쓰지 않는 물건을 내어 놓거나 또는 교사들끼리 돈을 모아 간단한 간식을 준비해서 판매하면 시장 분위기를 돋워줄 수 있다.

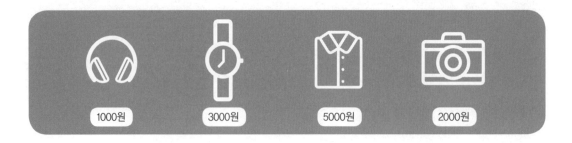

활동10. 369게임

01 개요

　〈369게임〉은 한국인들도 여행이나 모임에서 즐겨 하는 재미있는 놀이인데 외국인들에게는 재미있게 한국어 숫자를 익히게 하는데 도움이 되는 활동입니다. 일상생활에 필요한 숫자를 재미있는 게임을 통해 자연스럽게 익히게 하는 협력 활동입니다. 중간에 틀리는 사람이 없이 한 번에 갈 수 있는 목표 숫자를 설정해 놓고 만약 중간에 틀리게 되면 처음부터 다시 게임을 시작해야 합니다. 따라서 게임의 목표에 도달하기 위해서는 학습자들의 협력을 필요로 하므로 진행이 흥미진진하고 학습자들의 집중도를 높일 수 있는 게임입니다. 게임에 참여한 학습자들은 자기 때문에 실패할까봐 긴장을 하기 때문에 숫자 학습이 빨리 이루어질 수 있는 장점이 있습니다. 이 활동은 숫자를 막 배우기 시작할 즈음에 실시하면 숫자 학습이 빠르게 이루어지는 효과를 누릴 수 있습니다. 게임을 진행할 때는 처음 시작하는 리듬이 중요하므로 다 같이 액션을 취할 수 있도록 교사가 적극적으로 시범을 보이며 게임을 주도합니다. 게임 시작 자세는 주먹진 양팔을 접은 후에 "삼육구 삼육구 삼육구"의 리듬에 맞추어 겨드랑이 붙였다 뗐다 하는 것입니다.

※ 369게임 방법 : 부록 참조

02 활동 안내

- 준비물 : 없음
- 활동 영역 : 말하기
- 활동 유형 : 전체활동
- 활동 시간 : 30분
- 활동상 유의점 : 동일한 순서로 몇 번 반복되면 학습자들은 자신의 차례에 돌아올 숫자를 외워서 반응을 하므로 목표 숫자 도달에 실패한 후 다시 할 때마다 번호 순서가 바뀌는 것이 필요합니다. 그러므로 중간에 실패해서 다시 게임을 시작할 때는 틀린 사람부터 시작하도록 합니다.

① 전체 학습자들이 원모양으로 둘러앉는다.

② 교사는 게임의 규칙과 진행하는 순서를 설명한다.

③ 몇 회의 연습을 통해 게임 방법에 익숙해지도록 한다.

④ 본게임을 시작하기 전에 학습자들과 의논해서 목표 숫자를 정한다.

⑤ 이 게임의 묘미는 중간에 한 번도 틀리지 않고 목표숫자까지 도달하는 것이다.

⑥ 게임을 시작하면 '삼육구, 삼육구'를 4회 다 같이 리듬에 맞춰 부른다. 이때 양팔은 박수를 칠 준비 자세에서 리듬에 맞춰 겨드랑이에 붙였다 뗐다 하면서 흥을 돋운다.

⑦ 준비운동이 끝나면 순서대로 한 명씩 돌아가면서 리듬에 맞춰 숫자를 부른다.

⑧ 숫자를 말해야 하는데 박수를 치거나 박수를 쳐야 하는데 숫자를 말하는 학습자가 나오면 처음부터 다시 시작한다. 이때 틀린 학습자에게 벌칙을 줄 수 있다.

⑨ 게임을 재시작할 때는 틀린 학습자부터 시작한다.

⑩ 목표 숫자에 완전하게 도달하면 게임이 끝난다.

사진 및 설명 아래의 동작을 리듬에 맞춰서 두 번 반복(준비→369 · 369→369 · 369)

04 교통

'교통'은 학습자가 현재 살고 있는 집과 학교, 고향 등을 중심으로 한 이동수단에 대해 학습하도록 제시되는 주제입니다. 이 주제에서는 주로 학습자가 생활하는 지역에 있는 교통수단의 종류와 요금, 그리고 이용 방법 등에 대해 학습하고 실제 생활에서 이용할 수 있는 표현들을 학습합니다. 그리고 교통수단과 관련하여 이동에 걸리는 시간 표현도 함께 학습하게 됩니다. 또한 나라마다 다른 교통수단과 운영체계에 대해 서로 이야기하고 비교해 봄으로써 다른 문화를 이해할 기회를 갖습니다. 따라서 교통과 관련한 과제활동은 자신이 알고 있거나 조사해 온 정보를 소개하거나 학교와 집 주변의 다양한 교통편이나 고향, 관광지에 가는 방법 등을 찾아보는 활동, 그리고 다양한 교통편을 이용하여 특정 목적지나 약속장소로 직접 찾아가게 하는 실제적 문제해결 과제 등을 활용할 수 있습니다.

번호	활동 이름	내용	수행 형식	적용 영역
1	우리 동네 교통편 알아오기	자기가 살고 있는 동네로 운행하는 교통편과 노선을 알아와서 소개하기	개별활동 전체활동	쓰고 말하기
2	공공장소 가는 대중교통편	지역의 공공장소에 갈 수 있는 교통편 소개하기	짝활동 전체활동	복합
3	우리 지역 관광지 교통편	지역의 관광지 정보와 교통편, 비용 소개하기	짝활동 전체활동	복합
4	교통정보 안내센터에 문의하기	교통정보안내센터에 전화해서 필요한 교통정보 알아내기	개별활동	말하고 듣기
5	고향 가는 길	현재 위치에서부터 자신의 고향집까지 가는 방법 소개하기	개별활동 전체활동	쓰고 말하기
6	나라별 교통수단 조사하기	세계 여러 나라의 교통수단과 비용에 대해 조사하고 발표하기	개별활동 전체활동	쓰고 말하기
7	안내방송 하기	버스나 지하철, 비행기 등에서 사용하는 안내방송을 직접 녹음하기	개별활동 전체활동	쓰고 말하기
8	약속 장소 찾아가기	메모를 보고 직접 약속 장소로 찾아가기	개별활동 모둠활동	복합
9	최저 비용으로 관광지 찾아가기	관광지에 싸게 가는 방법 찾아와서 소개하기	짝활동	말하기
10	미래의 자동차 만들기	자신이 상상하는 자동차에 대해 자유롭게 말하기	개인활동 모둠활동 전체활동	복합

활동1. 우리 동네 교통편 알아오기

01 개요

　〈우리 동네 교통편 알아오기〉는 학습자가 자신이 살고 있는 지역의 대중교통편을 조사해서 발표하는 과제활동입니다. 자기 동네에 정차하는 버스의 종류와 노선, 지하철역과 노선을 알아보고 각 노선별 출발지부터 도착지까지 거쳐 가는 정류장의 이름들을 조사해서 발표하도록 하는 과제입니다. 이 과정에서 자기 지역에 있는 교통편도 정확하게 알게 될 뿐만 아니라 그 교통편이 지나가는 정류장들도 알 수 있어서 향후 대중교통 이용 시 유용하게 사용할 수 있습니다. 또한 이 과제 수행 결과를 발표하면 다른 친구들도 자기 동네의 교통편뿐만 아니라 다른 동네의 교통편에 대한 정보도 얻게 되어 원하는 장소에 가려고 할 때 이 정보들을 유용하게 이용할 수 있습니다.특히 이 과제는 각 교통편이 지나가는 지역에 대한 정보도 함께 공부할 수 있어서 지역 정보를 얻는 수업에도 활용할 수 있습니다. 예를 들어, 서울의 '명동역'은 지하철 4호선이 지나가는 정류장이라는 교통편 정보와 함께 명동역에 내리면 다양한 쇼핑을 할 수 있는 명동 거리로 바로 연결된다는 정보도 함께 곁들여 학습하면 교육내용도 풍부해지고 학습자의 흥미도 돋우는 유용한 수업이 될 수 있습니다.

02 활동 안내

- 준비물 : 활동지
- 활동 영역 : 쓰고 말하기
- 활동 유형 : 개별활동, 전체활동
- 활동 시간 : 20분
- 활동상 유의점 : 학습자가 사는 위치에 따라 과제의 분량이 달라질 수 있으므로 기본적으로 조사해야 할 최소 교통편수 등을 설정해 줍니다. 교통편은 자신의 집과 가장 가까운 거리에 있는 버스정류장이나 지하철역을 기준으로 합니다.

① 학습자들에게 활동지를 나눠주고 수행해야 할 과제에 대해 설명한다. 활동지는 학습자의 활동을 도울 수 있게 교사가 임의로 작성한다.

② 학습자는 각자 자신의 집 부근의 전체 교통편을 조사한다.(교실 밖)

③ 활동지에 교통편의 노선을 적고 자기 동네 정류장이나 역을 표시한다.(교실 밖)

④ 조사한 교통편의 출발점과 도착점, 그리고 시작 시간과 마치는 시간을 적는다.(교실 밖)

⑤ 조사한 내용을 교실에서 발표한다.

⑥ 다른 친구의 발표를 듣고 같은 노선이 지나는 동네에 있는 친구를 찾는다.

⑦ 발표된 교통편들을 모아서 정리한 후 게시판에 붙인다.

교통수단 예시

택시　　　　버스　　　　자전거　　　오토바이　　　지하철

　교통편의 노선도에 대한 정보를 바탕으로 지역의 유명 장소 소개가기 활동을 제시할 수 있다. 자신이 이용하는 교통편이 지나가는 노선 상에 있는 유명 장소에 대해 구체적으로 조사해서 발표하는 활동으로 연결할 수 있다.

활동2. 공공장소 가는 대중교통편

01 개요

〈공공장소 가는 대중교통편〉은 학습자가 자신이 살고 있는 지역(도시)의 공공기관으로 갈 수 있는 대중교통편을 소개하는 과제활동입니다. 지역주민이라면 누구나 이용하는 그 지역의 시청, 경찰청, 출입국관리소, 도서관 등의 공공기관과 동물원, 대공원, 백화점, 공항, 시외버스터미널, 여객터미널 등의 공공장소에 갈 수 있는 대중교통편을 알아보고 시간과 비용 등을 조사해서 발표하도록 하는 과제입니다. 무엇보다도 이 과제의 특징은 자신이 담당한 장소에 대중교통을 이용해서 직접 가보고 대중교통을 이용해서 목적지에 갈 때의 경험과 장단점 등을 같이 발표하는 것입니다. 효과적인 과제 수행을 위해 자신이 대중교통을 이용해서 목적지까지 가는 과정 중간 중간에 인증사진을 찍어서 기록으로 남기도록 합니다. 과제는 짝활동으로 이루어지도록 두 학습자에 한 장소를 지정해 주는데 과제 수행이 끝난 후 각자 조사해온 정보를 공유하도록 하면 최종적으로는 자신이 살고 있는 지역의 공공장소에 갈 수 있는 교통정보를 종합적으로 알게 됩니다. 과제활동의 결과를 모아서 작은 책자로 만들어 배포하면 학습자들이 실생활에서 유용하게 사용할 수 있습니다.

02 활동 안내

- 준비물 : 활동지
- 활동 영역 : 복합
- 활동 유형 : 짝활동, 전체활동
- 활동 시간 : 30분
- 활동상 유의점 : 과제로 사용할 공공기관이나 공공장소는 각각의 지역에 있는 것을 교사가 직접 조사해서 제시합니다. 교사가 구체적으로 알지 못하는 장소는 과제 목록으로 사용하지 않습니다.

① 교사는 과제로 제시할 학습자 수(짝활동 수)에 맞게 공공장소를 선정한다.

② 장소를 개별 종이에 하나씩 적어서 접는다.

③ 학습자들이 수행해야 할 과제에 대해 세부적으로 설명한다.

④ 학습자 2명씩 조를 정하고 활동지를 나눠준다.

⑤ 학습자들은 조별로 뽑기를 통해 장소를 뽑는다.

⑥ 학습자는 조별로 맡은 장소를 찾아가는 다양한 방법을 알아본다.(교실 밖)

⑦ 조별로 자신들이 조사한 대중교통을 이용해서 공공장소로 찾아간다.(교실 밖)

⑧ 목적지에 도착한 학습자는 인증사진을 찍어서 교사에게 보낸다.(교실 밖)

⑨ 조별로 공공장소에 가는 교통편과 교통편 이용 경험담에 대해 정리해서 발표한다.

⑩ 교사는 학습자들의 발표를 바탕으로 전체 장소에 대한 교통정보를 정리해서 소개한다.

공공기관+공공장소 예시

시청	경찰청	중앙우체국
박물관	시립도서관	대공원
출입국관리사무소	고속버스터미널	여객선터미널
공항	백화점	

Tip | 교통편 조사하기 활동지 내용

1. 목적지
2. 출발지점
3. 교통편
4. 비용
5. 거리(몇 정거장)
6. 시간
7. 이용방법
8. 특징
9. 느낌/생각

인증 사진 예시 – 지하철 안

인증 사진 예시 – 버스 안

활동3. 우리 지역 관광지 교통편

01 개요

　〈우리 지역 관광지 교통편〉은 학습자가 자신이 살고 있는 지역과 주변의 관광지를 조사하고 그 관광지에 가는 교통편을 조사해서 발표하는 과제활동입니다. 보통 관광지는 시내에도 있지만 근교에도 있기 때문에 대중교통을 이용하는 것이 다소 어렵거나 복잡할 수 있습니다. 따라서 이 활동은 시내 교통편뿐만 아니라 시외로 나가는 교통편에 대해서도 알아볼 수 있는 기회가 됩니다. 교사는 해당 지역의 관광지를 미리 파악해서 목록을 만들어 학습자들에게 한 곳씩 지정해 줍니다. 그러면 학습자들은 할당받은 관광지에 가는 방법을 조사해서 발표합니다. 과제에 포함되는 조사 내용에는 관광지의 이름과 내력, 관광지로서의 의미, 그리고 관광지에 가는 교통수단들과 비용, 거리, 시간 등입니다. 이 활동은 혼자 하기보다는 두 명 정도가 짝을 지어 하는 것이 좋습니다. 과제를 정확하게 수행하기 위해서는 직접 교통편을 이용해서 관광지에 가 보도록 하는 활동을 포함하는 것이 좋은데 초급단계의 학습자는 아직 한국어가 서툴러서 낯선 곳에 가는 것에 대해 두려움을 가질 수 있고 활동이 위축될 수 있습니다. 만약 두 명이 한 조가 되어 같이 움직이게 되면 자신감이 생겨서 활동을 좀 더 적극적으로 할 수 있을 것입니다. 물론 과제 수행 과정은 인증사진으로 남겨 와서 전체 발표 때에 활용하도록 합니다.

02 활동 안내

- 준비물 : 활동지(부록 참조)
- 활동 영역 : 복합
- 활동 유형 : 짝활동, 전체활동
- 활동 시간 : 자유
- 활동상 유의점 : 이 과제는 관광지에 직접 찾아가는 활동이므로 휴일 전날 제시하면 학습자가 휴일을 활용해 과제를 수행할 수 있습니다. 관광지 찾아가는 것과 활동지 작성은 수업 외에 학습자들이 수행해야 할 과제로 제시하고 결과 발표는 수업 시간에 실시합니다.

① 교사는 과제로 사용할 관광지 목록을 작성한다.

② 학습자 2인을 1조로 하는 팀을 구성한다.

③ 교사가 관광지 목록을 제시하면 조별로 하나씩 선택한다.

④ 교사는 학습자들이 수행해야 할 내용이 담긴 활동지를 나눠준다.

⑤ 학습자들은 할당된 관광지에 대해 개별적으로 조사한다.(교실 밖)

⑥ 대중교통을 이용해서 관광지에 직접 찾아간다.(교실 밖)

⑦ 목적지에 도착한 후 인증사진을 찍는다.

⑧ 관광지에 다녀온 후 집에서 활동지를 작성한다.(교실 밖)

⑨ 교실에서 팀별로 관광지 정보와 그곳에 가는 방법에 대해 설명한다.

⑩ 교사는 활동지를 걷어서 인증사진과 함께 게시판에 전시한다.

⑪ 관광지 입장권이 있으면 활동지에 붙여서 함께 전시한다.

04   확장 활동

　학습자들이 조사해온 관광지에 대한 설명을 읽고 가장 가고 싶은 곳을 선정해서 그곳으로 학급이 전체 소풍을 가는 야외활동을 진행할 수 있다. 이를 위해서 소풍계획을 세우고 필요한 경비를 산정하고 물건을 사는 등 다양한 활동을 수반할 수 있다.

활동4. 교통정보 안내센터에 문의하기

01 개요

〈교통정보 안내센터에 문의하기〉는 교통과 관련한 정보를 얻기 위해서 공공서비스 전화인 교통안내전화(1333)를 이용하는 방법을 익히는 과제활동입니다. 교통안내전화(지역번호 +1333)는 전국의 도로소통안내, 철도안내, 항공안내, 사고 및 재난 안내 등 다양한 교통정보를 전해주는 공공서비스입니다. 이 과제를 수행하기 위해서는 구체적으로 어떤 정보를 얻게 할 것인지에 대해 교사가 보다 철저한 준비를 해야 합니다. 어떤 정보를 알아야 하는지, 정보를 얻을 지역은 어딘지 등 학습자가 수행해야 할 구체적 내용을 명시적으로 제시해야 과제 수행이 원활하게 이루어질 수 있습니다. 특히 초급의 학습자들은 얼굴을 맞대지 않고 목소리로만 대화하는 전화통화에는 익숙하지 않기 때문에 자신이 수행해야 할 내용이 명시적으로 나타나지 않으면 당황하게 됩니다. 안내방송은 ARS로 되기 때문에 학습자가 한 번에 내용을 잘 알아듣지 못해도 당황하지 않고 몇 번에 걸쳐 다시 시도해 볼 수 있는 장점이 있습니다. 그리고 마지막으로 성공적으로 과제를 수행했을 때 학습자의 자신감이 크게 상승할 수 있습니다.

02 활동 안내

- 준비물 : 활동지(전화인터뷰 내용)
- 활동 영역 : 말하고 듣기
- 활동 유형 : 개별활동
- 활동 시간 : 10분
- 활동상 유의점 : 교사의 사전 준비가 철저해야 합니다. 학습자에게 줄 과제를 명시적으로 적어서 학습자가 어떤 정보를 얻어내야 하는지 분명하게 알려 줍니다.

① 교사는 수업을 시작하기 전에 과제에 사용할 지역을 정하고 지역별 질문을 만든다.

② 교사는 학습자들에게 과제 활동 내용과 방법에 대해 설명한다.

③ 교사가 직접 교통 안내센터에 전화를 걸어 질문하는 시범을 보인다.

④ 학습자들에게 장소와 문의사항이 적힌 활동지를 나눠준다.

⑤ 학습자들이 각자 맡은 지역에 대해 정보를 알아보기 위해 교통정보 안내센터에 전화를 한다.

⑥ 전화 내용을 활동지에 기록한다.

⑦ 개별적으로 전화하기 활동이 끝난 후 전체활동으로 활동 결과를 발표한다.

⑧ 정보를 기입한 활동지를 교사에게 제출하면 활동이 종료된다.

⑨ 추가로 활동에 대한 소감(전화로 정보 찾기)을 듣는다.

활동지 예시

출발장소	서울
도착장소	경주
교통수단	KTX(새마을, 무궁화)
여행날짜	○○○○년 ○월 ○일
여행시간	11 : 30
잔여좌석	
요금	
소요시간	

종합교통정보안내 전화 주요 내용(1333번)

1번 도로소통안내	1. 주요 도시간 소요시간	최종 경로 및 소요시간 정보 안내
	2. 고속도로 소통상황	고속도로 구간별 소통상황안내
	3. 서울경기권역 국도 소통상황	서울경기권역 국도 ○○호선 ○○방면 소통 상황 안내
	4. 다른 지역 국도 소통상황	서울경기권, 충청권, 전라권, 경상권, 강원권역 국도5호선 단양방면 소통상황 안내
	5. 시내도로 소통상황	내부순환로, 강변북로, 올림픽대로, 북부 간선로, 동부간선로, 한강교량
	6. 교통통제정보	고속도로, 서울경기권역 일반국도, 강원권역 일반국도, 전라권역 일반국도, 경상권역 일반국도, 서울시도시부도로
2번 철도안내	1. 잔여좌석 안내	KTX, 새마을, 무궁화
	2. 운임 안내	KTX, 새마을, 무궁화
	3. 운행계획 안내	KTX, 새마을, 무궁화
	4. 열차지연, 운행취소정보 안내	열차 지연 및 운행취소 등 긴급사항에 대한 정보안내
	5. 예약문의	철도 고객센터로 연결
3번 항공안내	1. 잔여좌석 안내	서울경기권역, 제주권역, 경상권역, 전라권역, 충청권역, 강원권역
	2. 운임안내	서울경기권역, 제주권역, 경상권역, 전라권역, 충청권역, 강원권역
	3. 운행계획 안내	운행계획 안내
	4. 항공지연, 항공취소정보 안내	항공지연 및 항공취소 등 긴급사항에 대한 정보안내
	5. 예약문의	대한항공, 아시아나 항공의 고객센터로 연결
9번 사고 및 재난재해신고	1. 고속도로	한국도로공사로 연결
	2. 일반국도	위치조회 시 고객이 위치한 지역을 관할하는 일반국도 관리기관으로 연결
0번 이용안내	1. 이용방법 안내	ARS 이용방법 안내
	2. 전화번호 안내	고속도로 및 대중교통 이용 전화번호 안내

활동5. 고향 가는 길

01 개요

〈고향 가는 길〉은 학습자들이 수업시간에 배운 교통 관련 내용들을 참고해서 자신의 고향에 가는 교통편을 구체적으로 소개하는 과제활동입니다. 지금 현재 있는 곳에서부터 고향의 집에 도착하기까지 이용하는 교통수단과 이용하는 곳, 출발부터 도착하기까지 걸리는 시간, 비용 등을 아주 구체적으로 정리해서 발표하게 하는 활동입니다. 모든 학습자가 과제를 수행하면 다른 친구들과 서로 비교해서 거리가 가장 멀거나 가까운 지역, 비용이 가장 많이 들거나 적게 드는 지역, 교통수단을 가장 많이 이용해야 가는 지역, 이용 교통수단이 가장 간단한 지역 등을 뽑아볼 수 있습니다. 이 과제를 수행하기 위해서 학습자는 현재 자신이 살고 있는 곳의 교통수단에 대해서도 자세히 조사해야 하고 또 자신의 고향에 있는 교통수단과 이용 방법에 대해서도 잘 알고 있어야 합니다. 충실하고 활발한 과제 수행이 되기 위해서 본인이 발표한 내용만 들어도 다른 사람들이 그 고향을 찾아갈 수 있을 정도로 상세하고 구체적인 정보를 제공해야 한다는 점을 과제 시작 전에 미리 공지를 해 줍니다.

02 활동 안내

- 준비물 : 활동지
- 활동 영역 : 쓰고 말하기
- 활동 유형 : 개별활동, 전체활동
- 활동 시간 : 30분
- 활동상 유의점 : 대부분 학습자는 자신이 잘 알고 있는 중간 과정을 생략하고 개략적으로 설명하는 경향이 있기 때문에 다른 사람이 고향 가는 방법에 대한 설명을 읽거나 듣고 길을 정확하게 찾아올 수 있을 정도로 자세하게 적도록 유도합니다.

03　활동 순서

① 교사는 과제의 취지와 학습자가 수행할 내용을 소개한다.

② 학습자들에게 활동지를 나눠준다.

③ 학습자는 활동지에 현재 있는 곳을 표시한다.

④ 현재 지점부터 고향집 가는 경로를 그림으로 그린다.

⑤ 경로 중간 중간에 사용해야 하는 교통편과 시간, 요금을 기입한다.

⑥ 경로그림이 완성되면 출발부터 도착까지 순서에 따라 문장으로 작성한다.

⑦ 교사는 학습자들의 과제 수행 상황을 확인한 후 과제 종료를 알린다.

⑧ 한 사람씩 앞으로 나와 '고향 가는 길'을 발표한다.

⑨ 다른 학습자들은 발표 내용을 메모한다.

⑩ 발표가 끝난 뒤 교사는 질문을 통해 들은 내용을 확인한다.

⑪ 들은 내용을 바탕으로 가장 비용이 많이 드는 학습자, 교통편을 가장 많이 이용하는 학습자, 시간이 가장 많이 걸리는 학습자 또는 그와 반대인 학습자를 찾아보게 한다.

04　확장 활동

말하기 활동을 끝낸 후에 조사지를 활용해서 한 편의 완성된 글쓰기를 실시한다.

활동지 예시

제목 : 고향(부산) 가는 길
경로 : 기숙사→고속버스터미널→부산고속버스터미널→동래역→집 　　　버스(40분, 1200원) 고속버스(3시간, 32000원)지하철(35분, 1300원)
가는 길 : ① 기숙사에서 나와 학교 앞에서 75번 버스를 탄다. 　　　　　② 고속버스터미널에서 내린다. 　　　　　③ 부산행 고속버스를 탄다. 　　　　　④ 부산고속버스터미널에서 내린다. 　　　　　⑤ 부산고속터미널에서 지하철 1호선을 타고 동래역에서 내린다.

활동6. 나라별 교통수단 조사하기

01 개요

〈나라별 교통수단 조사하기〉는 세계 여러 나라의 교통수단을 조사해서 발표하는 과제활동입니다. 학급을 구성하는 학습자의 수에 맞게 나라를 정해서 각 나라에서 운용하고 있는 교통수단과 비용 등을 조사해서 발표하게 합니다. 과제 대상으로 지정하는 나라는 학습자가 우선적으로 흥미를 느끼는 나라를 선정하게 하는 것이 좋습니다. 자신이 관심을 가진 나라의 정보를 알아보는 것이 활동을 더욱 적극적으로 만들 수 있기 때문입니다. 교통수단은 일반적으로 모두 알고 있는 것 이외에도 각 나라에만 있는 특징적인 것을 찾아보도록 하는 것이 중요합니다. 예를 들어 베트남에는 자전거를 교통수단으로 이용한다든지, 태국에는 오토바이택시를, 인도에는 인력거를 주로 이용한다는 등입니다. 그리고 교통수단을 이용하는데 드는 비용을 조사하게 합니다. 대중교통 수단을 이용하는데 드는 비용은 보통 그 나라의 물가를 가늠하는 데 중요한 척도가 되기 때문에 대중교통 비용을 통해 나라별 물가 비교도 할 수 있는 과제 활동이 됩니다. 효과적인 과제 수행을 위해 교사는 학습자들이 수행해야 할 내용을 표로 만들어 제시하는 것도 도움이 될 것입니다. 즉 이 과제는 표로 내용을 조사한 후에 그것을 다시 문장으로 쓰고 발표하게 하는 방법으로 진행될 수 있습니다.

02 활동 안내

- 준비물 : 활동지(부록 참조)
- 활동 영역 : 쓰고 말하기
- 활동 유형 : 개별활동, 전체활동
- 활동 시간 : 30분
- 활동상 유의점 : 조사대상이 되는 나라는 가능하면 세계 여러 나라가 포함될 수 있도록 대륙별로 주요 국가를 골고루 선정합니다.

① 교사는 과제로 수행할 나라를 정해서 종이에 적어 접는다.

② 학습자들은 뽑기 종이를 하나씩 뽑아 자신이 과제를 수행할 나라를 정한다.

③ 교사는 활동지를 나눠주고 수행해할 과제에 대해 설명한다.

④ 학습자들은 할당된 나라의 교통편에 대해 각자 조사하고 활동지에 기록한다.(교실 밖)

⑤ 학습자들은 조사한 정보를 바탕으로 나라별 교통수단을 소개하는 글을 작성한다.

⑥ 학습자들이 각자 조사한 내용을 발표한다.

⑦ 발표가 끝난 후 가장 재미있는 교통편, 가장 비싼 교통편, 가장 싼 교통편 등을 선정한다.

활동지 예시

	한국
수단	요금
버스	일반 : 1,200원 학생 : 1,000원 어린이 : 600원
택시	기본요금 : 2,800원 추가요금 : 100m / 100원
⋮	⋮

04   확장 활동

　이 활동은 우선적으로 학습자가 자기 나라의 교통수단 발표하기를 한 후에 실시할 수 있습니다. 단, 자기나라 교통수단 소개하기는 학급구성원이 여러나라의 국적으로 구성된 경우에 효과가 있습니다.

활동7. 안내방송 하기

01　개요

　〈안내방송 하기〉는 학습자가 교통수단의 운전기사나 안내원이 되어 승객들에게 안내방송을 해보게 하는 과제활동입니다. 버스, 지하철, 비행기, 선박 등 다양한 교통수단 중 하나를 선택해서 승객들에게 안내방송을 하도록 하는 과제입니다. 과제로 수행할 교통수단은 학습자가 스스로 결정하게 합니다. 방송 내용은 노선안내에 관한 내용, 안전규칙에 관한 내용, 다음 도착 정류장에 관한 내용, 이용 방법에 관한 내용 등 해당 교통수단에 따라 달라질 수 있는데 이에 관한 것은 전적으로 담당 학습자가 알아서 결정하도록 합니다. 과제는 먼저 글로 쓴 다음 교사의 점검과 수정을 통해 틀린 곳이 없도록 완성합니다. 그 다음에 글로 완성된 내용을 학습자가 암기를 한 후 교실에서 발표를 하는 순서로 진행합니다. 교실에서 발표할 때는 학습자가 진짜 해당 교통수단의 직원이 된 것과 같은 자세로 진지하게 발표를 할 수 있도록 교사는 교실 분위기를 잘 조성합니다. 참고로 발표 시에는 좀 더 현실성을 부여하기 위해 마이크를 준비하면 공식적으로 안내방송을 하는 느낌이 들어 학습자들의 태도가 훨씬 진지해집니다.

02　활동 안내

- 준비물 : 활동지(안내방송 쓰기용 메모지), 수여증
- 활동 영역 : 쓰고 말하기
- 활동 유형 : 개별활동, 전체활동
- 활동 시간 : 40분
- 활동상 유의점 : 과제를 수행하기 전에 각 교통수단들의 특징에 대해 미리 학습하면 안내방송의 내용을 만드는데 도움이 됩니다.

① 교사가 과제에 대해 설명하고 활동지를 나눠준다.

② 뽑기나 거수로 학습자들이 과제를 수행할 교통수단을 정한다.

③ 교사는 과제 수행의 조건(최소 문장수, 경어체 표현)을 제시한다.

④ 각자 자신이 정한 교통수단의 안내 방송 문구를 활동지에 작성한다.

⑤ 문구 작성을 완성한 학습자가 손을 들면 교사가 문장오류를 점검하고 수정한다.

⑥ 학습자는 오류를 수정하여 완성된 문장을 새로 작성한다.

⑦ 학습자는 완성된 방송내용을 반복해서 연습하고 암기한다.

⑧ 정해진 순서대로 앞으로 나와서 안내방송 발표를 한다.

⑨ 모든 발표가 끝난 후에 진짜 안내방송처럼 자연스럽게 잘한 사람을 '최고 안내원'으로 뽑는다.

⑩ '최고 안내원'에 뽑힌 학습자에게 수여증을 준다.

Tip

실제 텔레비전의 뉴스나 안내방송 등의 동영상을 보면서 연습하면 학습자들이 구체적으로 안내방송에 필요한 발음이나 표정, 자세 등을 배울 수 있다.

04　확장 활동

교실 내 발표가 끝난 후, 학습자들에게 자신의 안내방송을 집에서 편안하게 녹음해서 교사에게 전송하도록 한다. 학습자가 자신의 휴대전화에 안내방송을 녹음하여 교사에게 전송하면 교사는 학습자들이 전송한 내용을 모아 익명으로 학습자들에게 들려준다. 목소리의 주인공을 찾게 하거나 가장 실제와 비슷하게 안내방송을 실시한 사람을 뽑도록 하는 활동으로 연결할 수 있다.

활동8. 약속 장소 찾아가기

01　개요

　〈약속 장소 찾아가기〉는 대중교통을 이용해서 실제의 약속 장소로 찾아가는 교실 밖 과제활동입니다. 학습자들이 교실에서 배운 교통수단 이용하는 방법, 표를 살 때의 말하기 등을 실제 현장에서 직접 체험해 보도록 고안한 과제이므로 약속장소는 가능하면 대중교통을 이용해야만 도착할 수 있는 곳으로 정하고 택시를 타고 오지 않도록 자신이 이용한 대중교통편 안에서 실제 타고 있는 모습을 인증사진으로 찍어올 것을 과제에 포함합니다. 혼자서 가기를 망설이는 학습자는 짝을 정해줘서 둘이서 같이 움직이도록 하는 것도 한 방법이 될 수 있습니다. 하지만 이 과제를 수행할 때 가능하면 학습자의 목표에 사용 기회를 늘리고 문제해결능력을 기르기 위해서 3명 이상이 같이 움직이지는 않도록 미리 주의를 줍니다. 이 활동은 주말이나 휴일에 실시해서 가능하면 학습자들이 자신의 집에서부터 출발해서 오도록 하면 독자적인 행동을 유도하기가 쉽습니다. 이 활동을 통해서 학습자들은 직접 대중교통수단을 이용해 보고 그 과정에서 표를 사거나 길을 물어보거나 하면서 한국인과의 소통을 시도하게 되므로 자연스럽게 한국어를 사용하게 됩니다.

02　활동 안내

- 준비물 : 활동지(약속 장소와 시간을 적은 쪽지)
- 활동 영역 : 복합
- 활동 유형 : 개별활동, 모둠활동
- 활동 시간 : 자유
- 활동상 유의점 : 약속 장소는 시내에 사람들이 많이 모이는 번화가로 정합니다. 약속 장소는
　　　　　　　　서로 공유하지 않도록 주의를 시킵니다. 이 과제는 휴일 전날 제시합니다.

① 교사는 학습자의 수를 고려해서 두 세 개의 약속 장소를 정한다.(5명당 1장소 정도)

② 약소 장소와 시간이 적힌 쪽지를 학습자 수대로 준비한다.

③ 과제 내용이 담긴 쪽지를 접어서 내용을 볼 수 없게 한다.

④ 교사는 과제를 제시하기 전에 학습자들이 과제 수행 시 해야 할 일을 알려준다.

⑤ 학습자가 수업을 마치고 집에 갈 때 쪽지를 하나씩 전해준다.

⑥ 학습자는 쪽지의 내용을 확인하고 정해진 시간에 약속장소로 찾아간다.(교실 밖)

⑦ 약속장소로 가는 과정에 사용한 교통편 내부에서 인증사진을 찍어 교사에게 전송한다.(교실 밖)

⑧ 약속장소에 도착하여 약속인원이 모두 모이면 장소가 보이게 인증사진을 찍어 교사에게 전송한다.(교실 밖)

⑨ 교사는 전송된 내용을 확인하고 과제가 성공적으로 수행되었음을 문자로 알려줌으로 과제 활동이 종료된다.(교실 밖)

Tip

이 활동은 교사가 수업 후에 과제 내용을 학습자들의 개개 휴대전화로 문자로 전송하는 방법도 사용할 수 있다. 이 방법은 학습자들이 다른 사람의 과제 내용을 알 수 없기 때문에 전적으로 혼자 약속장소까지 찾아가야 하며 교사가 제시한 인원이 같은 장소에 모였을 때 인증사진을 찍는다.

활동9. 최저 비용으로 관광지 찾아가기

01 개요

　〈최저 비용으로 관광지 찾아가기〉는 한국의 유명 관광지에 가는 교통편을 알아보고 그 중에 가장 저렴하게 갈 수 있는 교통수단을 찾아내는 과제활동입니다. 이 과제는 지정된 관광지에 가는 교통수단과 비용, 거리, 시간 등을 조사하여 그 중에서 가장 싸게 갈 수 있는 방법을 소개하는 것입니다. 학습자들은 자신에게 할당된 관광지에 가는 방법을 알아내기 위해 인터넷을 이용하거나 한국인에게 물어보는 등의 활동을 합니다. 이때 과제로 지정되는 관광지의 교통편은 최소한 두 명 이상이 따로 조사하게 해서 과제수행이 끝난 후 비교를 통해 더 저렴한 방법을 찾아낸 팀을 우승팀으로 합니다. 교사는 이 과제를 위해 한국의 유명한 관광지를 몇 군데 선정하고 각각의 관광지를 몇 개의 팀에게 나눠줄 것인지 결정해야 합니다. 과제가 수행되는 동안 각 팀은 자신들이 찾아내는 정보를 다른 팀에게 누출하지 않도록 보안을 유지하기 때문에 긴장감 있는 활동이 될 수 있습니다. 과제의 목적을 달성한 팀에게는 보상이 주어진다는 점을 미리 공지하면 활동이 더욱 적극적이 될 수 있습니다.(보상은 사탕이나 스티커, 볼펜 등으로 간단하게 준비할 수 있습니다.)

02 활동 안내

- 준비물 : 활동지(목표장소를 적은 쪽지)
- 활동 영역 : 말하기
- 활동 유형 : 짝활동, 전체활동
- 활동 시간 : 30분
- 활동상 유의점 : 과제 대상인 관광지 정보가 다른 팀에 유출되지 않도록 주의를 줍니다. 각 자 팀별로 찾아온 정보에 따라 포상이 주어질 수 있음을 강조하여 경쟁적 구도로 과제가 수행될 수 있도록 분위기를 조장합니다.

03 활동 순서

① 교사는 과제로 수행할 관광지를 선정한다.(한 관광지에 3개팀 배정)

② 학습자들에게 수행해야 할 과제의 내용을 설명한다.

③ 학습자들은 뽑기를 통해 같이 활동할 짝을 정한다.

④ 각 팀에게 봉해진 관광지와 과제 내용을 배부한다.

⑤ 각 팀은 관광지 정보를 찾기 위한 활동을 실시한다.(교실 밖)

⑥ 팀별로 찾아온 관광지의 정보를 발표한다.

⑦ 교사는 학습자의 발표를 들으면서 내용을 칠판에 표로 정리한다.

⑧ 발표가 끝난 뒤, 같은 관광지끼리 내용을 비교한다.

⑨ 동일 관광지의 교통비용이 가장 저렴한 팀을 우승팀으로 선정한다.

04 확장 활동

이 과제를 수행한 후에 가장 저렴하게 책정된 비용으로 실제 그 관광지 찾아가기를 수행한다. 실제 수행해 본 결과 조사내용과 차이가 있는지 없는지에 대해 평가하는 시간을 가진다.

활동10. 미래의 자동차 만들기

01　개요

　　〈미래의 자동차 만들기〉는 미래에 사용될 교통수단을 상상해서 만들어 보는 과제활동입니다. 이 과제는 현재 사용되고 있는 다양한 교통수단들에 대한 장점과 단점을 분석한 후 단점을 보완한 미래의 자동차를 상상해서 말함으로써 학습자의 상상력을 자극하고 교통수단과 관련된 표현들을 익히게 하는 데 목적이 있습니다. 이 과제를 수행하기 위해서는 먼저 모둠활동으로 현재의 교통수단이 가지는 장점과 단점에 대해 토의를 합니다. 그 후에 학습자는 각자 자신이 생각하는 미래의 교통수단을 상상해서 스케치를 하고 그것을 글로 씁니다. 글을 쓴 후에 다시 모둠활동으로 각자 상상하는 교통수단에 대해 이야기를 합니다. 과제의 핵심은 학습자들이 자유로운 상상으로 기상천외의 교통수단을 만들어 보고 그것에 대해 이유를 한국어로 설명하게 하는 데 있습니다.

02　활동 안내

- 준비물 : 활동지(스케치용 용지)
- 활동 영역 : 복합
- 활동 유형 : 모둠활동, 개별활동
- 활동 시간 : 30분
- 활동상 유의점 : 미래 교통수단에 대해 상상할 때는 현실적 제약을 두지 않습니다. 교사의 　　　　　　　　개입을 최소한도로 하고 학습자의 상상력을 자극합니다.

03　활동 순서

① 교사는 수행해야할 과제의 내용을 설명한다.

② 학습자 3~4명 정도로 구성되는 팀을 만든다.

③ 팀별로 오늘날 교통수단의 장점과 단점에 대해 토의한다.

④ 토의가 끝난 후 학습자는 각자 미래의 교통수단에 대해 스케치를 한다.

⑤ 자신이 스케치한 교통수단의 기능에 대해 쓴다.

⑥ 쓰기 활동이 끝난 후 모둠활동에서 각자 생각하는 교통수단에 대해 발표한다.

⑦ 모둠별로 가장 훌륭하다고 생각되는 모델을 선정한다.

⑧ 모둠별로 뽑은 교통수단을 전체활동에서 발표한다.

⑨ 전체 투표를 통해 가장 뛰어난, 또는 가장 기발한 교통수단을 선정한다.

⑩ 교사는 활동이 끝난 후 학습자들의 스케치를 모두 모아서 게시판에 전시한다.

05 가족과 친구

'가족과 친구'는 자신의 가족과 친구에 대해 소개하는 여러 가지 활동을 포함합니다. 이 과제에서는 가족의 수와 호칭어를 사용한 구성원 소개, 가족들의 직업, 나이, 외모 등을 표현하고 어린 시절부터 알아온 단짝 친구나 한국에 와서 알게 된 새 친구에 대해 한국어로 이야기합니다. 따라서 가족과 관련된 호칭어, 나이를 말하는 법, 외모에 관한 간단한 형용사들을 익혀서 사용할 수 있도록 하는 내용을 중심으로 활동을 구성하게 됩니다. 주로 가족과 친구에 대한 소개, 그들에 대한 학습자의 느낌과 생각을 표현하는 활동, 나아가 부모님께 편지를 써서 직접 우체국에 가서 부치거나 가족신문, 학급신문과 같은 작품을 만드는 문제해결 과제도 이 주제에서 유용하게 사용될 수 있습니다. 특히 가족 관계와 성별에 따라 달라지는 한국어 호칭어는 외국인학습자에게 다소 어렵게 느껴지므로 빙고 게임이나 스피드 게임, 가족구성하기 게임 등을 통해서 친숙하게 익힐 수 있도록 하는 것도 과제활동의 한 방법이 될 수 있습니다.

번호	활동 이름	내용	수행 형식	적용 영역
1	우리 가족을 소개합니다	자신의 가족을 소개한다.	개별활동 모둠활동	쓰고 말하기
2	좋은 친구의 조건	학급동료들과 좋은 친구의 조건에 대해 이야기한다	모둠활동 전체활동	말하기
3	부모님께 편지쓰기	고국의 부모님께 한국어로 안부편지 써서 직접 보낸다.	개별활동	복합
4	미래의 내 가족 안녕!	미래의 가족에게 인사편지를 쓰고 동영상으로 안부를 묻는다.	개별활동 모둠활동	복합
5	친구에게 한마디!	롤페이퍼로 친구들에게 하고 싶은 말을 쓴다.	전체활동	쓰기
6	가족호칭어 빙고게임	빙고게임으로 가족호칭어를 외운다.	전체활동	쓰고 말하기
7	가족호칭어 스피드게임	가족호칭어 빨리 맞히기 게임	전체활동	듣고 말하기
8	내 말 좀 들어줘~	가족들이 서로 상대방에게 하고 싶었던 말을 상상해서 쓴다.	개별활동	쓰기
9	학급신문 만들기	학급 구성원이 협동해서 한국어 신문을 만든다.	전체활동	복합
10	명언집 만들기	가족과 친구에 대해 우리가 생각하는 것을 문장으로 표현한다.	개별활동 전체활동	말하고 쓰기

활동1. 우리 가족을 소개합니다

01　개요

　　〈우리 가족을 소개합니다〉는 학습자가 자신의 가족을 소개하는 과제활동입니다. 가족의 단체사진이나 독사진을 붙여놓고 그 옆에 말풍선을 만들어서 말풍선 안에 해당 인물에 대한 소개를 쓰는 활동입니다. 보통 가족소개는 그냥 말로만 하는 경우가 있는데 그렇게 하면 생동감이 없고 내용이 건조해서 듣는 사람의 관심을 끌기 어렵습니다. 가족들의 사진을 제시하면 학습자 본인도 가족들의 얼굴을 보면서 소개하기 때문에 마치 옆에 있는 가족을 소개하는 듯한 느낌을 가질 수 있고 듣는 사람들도 친구의 가족을 가까이서 소개받는 느낌을 가질 수 있어서 집중하게 됩니다. 그리고 친구의 얼굴과 가족의 얼굴을 비교하면서 친근감을 느끼고 관심을 가지게 됩니다. 이 과제의 말풍선은 두 가지 방법으로 진행될 수 있습니다. 하나는 사진 속 인물이 직접 자신을 소개하는 것처럼 말하는 방법이고, 두 번째는 소개하는 사람이 사진 속의 인물에 대해 설명하는 방법입니다. 예를 들어, 첫 번째는 말풍선에 '저는 ○○○의 아버지입니다. 제 직업은 ~~' 이렇게 설명하는 것이고 두 번째는 말풍선에 '이분은 저의 아버지입니다. 제 아버지의 직업은 ~~~' 이렇게 설명하는 것입니다. 실제 수업에서 과제활동을 어떻게 진행할 지는 학습자의 학습 진행 상태와 수업 분위기 등을 고려해서 선택할 수 있습니다.

02　활동 안내

- 준비물 : 가족사진(단체사진 또는 개별 독사진), 활동지
- 활동 영역 : 쓰고 말하기
- 활동 유형 : 개별활동, 모둠활동
- 활동 시간 : 30분
- 활동상 유의점 : 가족을 소개할 때 시점을 '나'(이분은 나의 아버지입니다)로 할 것인지, 아니면 '사진 속 인물'(나는 ○○의 아버지입니다)로 할 것인지를 분명하게 정하도록 합니다.

① 학습자들에게 가족사진을 준비해 오도록 한다.

② 교사는 과제의 내용을 설명하고 활동지를 나눠준다.

③ 학습자들은 활동지에 준비해온 가족사진을 붙인다.

④ 가족사진의 인물들 옆에 말풍선을 그린다.

⑤ 말풍선 안에 각각의 가족에 대한 소개말을 넣는다.

⑥ 소개말 쓰기가 끝나면 학습자 3~4명으로 그룹을 만든다.

⑦ 모둠활동으로 각자 자기 가족을 소개한다.

⑧ 가족을 소개할 때 사진을 같이 보여주면서 소개한다.

⑨ 팀원들은 친구의 가족 소개를 듣고 질문을 한다.

⑩ 가족 소개 말하기 활동이 끝난 후 교사는 활동지를 걷어 게시판에 전시한다.

04 　　확장 활동

1. 사진과 말풍선으로 가족 소개하기를 마치면 그 내용들을 모아서 완전한 글로 써보게 한다. 이 활동은 수업 외 과제로 제출하고 교사가 결과물을 받아서 피드백을 해준다.

2. 가족에 대한 소개 내용은 주인공과의 관계, 나이, 직업, 성격, 외모 등 다양하게 표현할 수 있다.

활동2. 좋은 친구의 조건

01 개요

〈좋은 친구의 조건〉은 학습자가 각자 자신의 친구에 대해 한 번 생각해 보고 좋은 친구란 무엇인지에 대해 논의하는 활동입니다. '좋은 친구와 나쁜 친구'라는 주제를 가지고 모둠으로 토의를 진행하며 각 모둠에서 정리한 내용을 다시 전체활동에서 발표합니다. 먼저 모둠활동에서 학습자들이 생각할 때 친구란 무엇인가, 그리고 좋은 친구란 어떤 친구인가, 나쁜 친구란 어떤 친구를 말하는가에 대해 각자의 생각과 그렇게 생각하는 이유를 말합니다. 모둠 구성원들이 서로 충분히 이야기한 후에 그룹에서 생각하는 좋은 친구와 나쁜 친구의 내용을 정리합니다. 모둠활동을 할 때는 구성원들이 한 말을 모두 메모하도록 하고 특정인의 발언이 주가 되거나 소외되는 사람이 없도록 교사가 관심을 가지고 지켜봅니다. 모둠의 의견을 모아 전체활동에서 '좋은 친구의 조건'에 대해 같이 이야기해 보게 하고 각자 그 조건에 맞는 사람인지 생각해보고 항목별로 점수를 매겨보게 합니다. 이 활동을 통해 학습자들은 자신이 좋은 친구인지에 대해 한번 생각해 보는 시간을 갖습니다.

02 활동 안내

- 준비물 : 활동지(토의내용 정리)
- 활동 영역 : 말하기
- 활동 유형 : 모둠활동, 전체활동
- 활동 시간 : 20분
- 활동상 유의점 : 자유로운 토의가 될 수 있도록 하고 팀원들이 골고루 참여하는 분위기를 만들어 줍니다.

① 교사는 과제의 내용을 설명한다.

② 학습자 3~4명을 한 팀으로 과제를 수행할 모둠을 만든다.

③ 팀별로 주어진 주제(친구, 좋은 친구, 나쁜 친구)에 대해 토의한다.

④ 교사는 활발한 토의를 위해 활동시간을 제한하여 정해준다.

⑤ 팀별 토의가 끝나면 토의 내용을 정리해서 활동지에 쓴다.

⑥ 모둠활동이 끝나면 전체활동으로 팀별로 토의결과를 발표한다.

⑦ 교사는 팀별 발표 내용을 칠판에 정리한다.

⑧ 전체발표가 끝난 후 정리한 내용을 보면서 주제별 공통점을 추린다.

⑨ 각자 친한 친구 이름을 한 번씩 불러보게 하고 활동을 마친다.

04 확장 활동

학습자들에게 포스트잇(또는 작은 종이)을 나눠주고 '나에게 친구란 별이다(제임스)'와 같이 친구를 비유한 표현을 간단한 문장으로 쓰게 한 후, 게시판의 큰 종이 위에 스스로 붙이게 하고 시간이 될 때 다른 친구들의 글을 찬찬히 읽어보게 한다.

활동지 예시

조원		
친구란?	1. 나이가 같다 2. 옆집에 산다 3. 친하다	4. 같은 학교에 다닌다 5. : 6. :
좋은 친구		나쁜 친구

01 개요

〈부모님께 편지 쓰기〉는 학습자들이 그동안 배운 한국어 실력을 총동원해서 부모님께 한국어로 편지를 쓰고 직접 우체국에 가서 부치는 과제활동입니다. 물론 학습자의 부모님은 한국어를 전혀 읽을 수 없겠지만 '한국어 편지 쓰기' 과제는 서로 다른 나라에 떨어져 살고 있는 학습자와 부모를 정서적으로 연결해주는 과제라 할 수 있습니다. 왜냐하면 부모들은 자녀를 외국에 보낸 뒤 자녀가 낯선 곳에서 잘 적응하고 지내고 있는지, 공부는 열심히 하고 있는지 등등 걱정이 많은데 자녀가 그동안 갈고닦은 실력을 발휘해서 한국어로 써 보낸 편지를 받고 나면 심리적으로 안심이 되고 또 한국어 편지까지 써서 보내는 자녀가 대견하고 자랑스럽기까지 합니다. 학습자의 입장에서는 자신이 그동안 공부한 것을 부모님께 알려줌으로써 자부심이 들고 더욱 열심히 공부해야 되겠다는 각오를 다지는 계기가 됩니다. 물론 한국어를 모르는 부모님을 위해 편지지 뒷면 또는 아래에는 한국어 편지 내용을 자국어로 번역한 내용이 같이 들어가야 합니다. 만약 부모님께 편지를 부칠 수 없는 상황이면 형제나 친구 등 고국에 있는 다른 지인에게 편지를 보내는 것도 한 방법입니다. 한국어로 쓴 편지는 학습자가 직접 우체국에 가서 부쳐야 하며 부친 뒤 영수증을 과제 수행 결과로 제출해야 합니다. 이 과제를 통해 학습자는 편지 쓰는 방법에 대해 배울 뿐만 아니라 직접 편지를 부치는 과정에서 자신의 목적을 달성하기 위해 한국인과 의사소통하는 기술을 익히게 됩니다.

02 활동 안내

- 준비물 : 편지지, 편지봉투, 풀
- 활동 영역 : 복합(문제해결)
- 활동 유형 : 개별활동
- 활동 시간 : 자유
- 활동상 유의점 : 먼저 초벌로 쓴 편지의 내용을 수정하고 최종 점검한 후에는 부모님을 생각하면서 예쁜 편지지에 정성을 들여서 다시 쓸 수 있도록 지도합니다. 교사가 편지지와 봉투를 미리 준비해서 나눠줄 수도 있지만 학습자에게 각자 준비해 오도록 할 수도 있습니다.

① 교사는 학습자들에게 과제의 취지와 내용을 설명한다.

② 활동지를 나눠주고 숙제로 편지를 써오도록 제시한다.

③ 학습자들은 편지를 쓸 대상을 정하고 활동지에 한국어로 편지를 쓴다.(교실 밖)

④ 학습자는 활동지에 쓴 편지를 교사에게 제출한다.

⑤ 교사는 학습자의 편지를 읽고 오류를 수정해서 돌려준다.

⑥ 교사는 준비한 편지지와 봉투를 학습자들에게 나눠준다.

⑦ 학습자들은 편지지에 수정한 내용을 쓴다.

⑧ 편지지 아래에나 뒷면에 자국어로 편지의 내용을 번역해서 쓴다.

⑨ 편지봉투에 받는 사람의 이름과 주소를 쓰고 봉투를 풀로 봉한다.

⑩ 우체국에 가서 편지를 부치고 영수증을 받는다.(교실 밖)

⑪ 우편물 발송 영수증을 교사에게 제출한다.

사진 예시 – 우체통

부모님께 하고 싶은 말을 동영상으로 촬영하는 영상편지 쓰기 활동을 한다.

활동4. 미래의 내 가족 안녕!

01 개요

〈미래의 내 가족 안녕!〉은 학습자가 미래에 이루게 될 가족에 대한 계획을 미리 세워보고 그 가족에게 동영상으로 안부를 미리 전하는 과제활동입니다. 이미 가족이 있는 사람은 현재의 가족에게 자신의 마음을 전하는 글을 쓰고 말을 하도록 합니다. 이 과제 수행을 위해 먼저 모둠활동에서 학습자는 각자 자신이 희망하는 가족에 대해 이야기를 나눕니다. 가족의 수와 성별, 그리고 역할 등에 대해 상상을 합니다. 그 다음 학습자는 각각 자신이 상상하는 가족 구성원에게 어머니 또는 아버지, 남편 또는 아내의 입장에서 하고 싶은 말과 인사를 전합니다. 인사말은 글로 쓴 다음에 수업 외 시간에 동영상으로 자유롭게 촬영해서 교사에게 메일로 보냅니다. 교사는 학습자들의 동영상을 취합해서 수업시간에 같이 보면서 이야기를 나눕니다. 학습자들은 '가족'이라는 주제가 가지는 포근함과 자신의 미래 가족이라는 것에 대한 진지함으로 과제를 충실하게 수행하려고 노력하기 때문에 한국어 사용능력 향상에 도움이 됩니다. 교사는 동영상을 통해 학습자 개개인의 발음상, 표현상의 오류나 문제점들을 점검해서 향후 학습내용에 참고할 수 있습니다.

02 활동 안내

- 준비물 : 활동지
- 활동 영역 : 복합
- 활동 유형 : 모둠활동, 개별활동
- 활동 시간 : 자유
- 활동상 유의점 : 인삿말을 받을 대상에 따라 높임말과 반말을 적절하게 쓸 수 있도록 쓰기 과정에서 지도합니다.

① 모둠활동을 할 팀을 3~4명으로 구성한다.

② 팀별로 자신이 생각하는 가족의 개념에 대해 이야기한다.

③ 미래의 가족 구성에 대해 팀별로 이야기한다.

④ 교사가 활동지를 나눠주면 학습자는 거기에 자신의 미래 가족 구성원을 정한다.

⑤ 가족 구성원에게 하고 싶은 말을 쓴다.(조건 : 최소 5문장 이상...)

⑥ 교사는 학습자가 쓴 내용을 보고 오류를 수정해 준다.

⑦ 학습자는 자신의 미래 가족에게 영상편지를 동영상으로 촬영한다.(교실 밖)

⑧ 촬영한 동영상을 교사에게 전송한다.

⑨ 교사는 학습자가 보낸 동영상을 교실에서 같이 본다.

⑩ 활동을 통해 느낀 소감(가족에 대한 생각)을 발표하게 한다.

미래가족 활동지 예시

이름	송치천(남자)
날짜	2035년(지금으로부터 20년 후)
가족수	4명(나-40살, 아내-38살, 아들-15살, 딸-12살, 고양이-2살)
아내에게	
아들에게	
딸에게	
고양이에게	

활동5. 친구에게 한마디! (롤페이퍼 만들기)

01 개요

〈친구에게 한마디!〉는 같이 공부하는 학급의 친구들에게 하고 싶은 말을 롤페이퍼에 적는 과제활동입니다. 롤페이퍼 활동은 학습자 한 명당 한 개씩으로 페이퍼의 가운데 또는 맨 위에 해당 학습자의 사진을 붙이거나 이름을 쓰고 학급의 다른 친구들이 주인공에게 하고 싶은 말을 마음껏 적게 하는 활동입니다. 롤페이퍼 주인공의 사진을 붙이면 글을 적는 사람들이 더 현실 적이고 감정이 묻어나는 글을 쓸 수 있을 것이므로 이름만 쓰기보다는 사진을 붙이기를 권장합 니다. 이 과제는 학습자간에 서로 익숙해지고 잘 아는 상황에서 진행되어야 내용이 풍부해지므 로 수업이 전체 일정의 반 이상 진행된 후에 실시하는 것이 좋습니다. 그리고 롤페이퍼에 직접 쓰기 전에 미리 메모지에 한 번 미리 써서 오류가 없는지 교사의 점검을 받은 후에 롤페이퍼에 옮겨 적게 하는 것이 좋습니다. 과제를 시작하기 전에 이 롤페이퍼는 완성된 후에 코팅해서 기 념품으로 나눠줄 것이며 오래 보관하면서 볼 수 있다는 점을 미리 이야기합니다. 그렇게 하면 글을 쓰는 학습자들이 장난스럽게 대충 쓰지 않고 롤페이퍼 주인공에게 할 말을 진지하게 고민 하고 내용을 잘 선별해서 글을 쓰게 됩니다. 또한 하나의 작품을 만든다는 생각으로 임하게 되 어 충실한 과제활동이 될 수 있습니다.

02 활동 안내

- 준비물 : 롤페이퍼(A4×학습자수), 색연필, 개인 사진
- 활동 영역 : 쓰기
- 활동 유형 : 전체활동
- 활동 시간 : 30분(또는 자유)
- 활동상 유의점 : 롤페이퍼에 쓰는 내용은 주인공이 기념으로 오래 간직할 것이므로 장난스 럽게 쓰지 말고 진심으로 주인공에 대해 생각한 후에 그 주인공에게 하고 싶은 말을 쓰도록 유도합니다.

① 과제를 시작하기 전에 개인 사진을 준비해 오게 한다.

② 교사는 학습자 수만큼의 페이퍼를 준비한다.

③ 과제의 취지와 수행해야 할 일을 설명한다.

④ 페이퍼에 학습자의 이름을 쓴 후 본인에게 나눠준다.

⑤ 학습자는 자신의 페이퍼에 자신의 사진을 붙인다.

⑥ 페이퍼를 학급의 다른 학습자들 전원에게 돌린다.

⑦ 학습자들은 페이퍼의 주인공에게 하고 싶은 말을 적고 색연필을 사용해 예쁘게 꾸민다.

⑧ 페이퍼에 학습자들이 모두 할 말을 적고 나면 교사에게 제출한다.

⑨ 교사는 페이퍼를 받아 코팅을 한 후 페이퍼의 주인공에게 돌려준다.

Tip

선생님도 학습자들과 똑같이 구성원의 일원으로 롤페이퍼 쓰기에 참여하면 활동이 더욱 활발해진다.

04　확장 활동

　학습자 각자의 이름을 쓰거나 사진을 붙인 롤페이퍼를 교실 게시판에 붙여두고 학급의 친구들이 자유롭게 오고가며 하고 싶은 말을 쓰게 하는 자유활동으로 진행할 수도 있다.

만나서 반가워요~
에릭.

우리 친하게 지내자.
왕양

한국어 열심히 공부
해서 고급에 갑시다
엘리사

활동6. 가족 호칭어 빙고게임

01 개요

〈가족 호칭어 빙고게임〉은 가족 호칭어를 학습자들이 잘 외울 수 있도록 게임으로 하는 활동입니다. 한국의 가족 호칭어는 외국인 학습자에게는 무척 이해하기 어려운 어휘들입니다. 다른 대부분의 언어권과는 달리 같은 서열이라도 부계인지 모계인지에 따라서 다르게 이름을 정해서 부르기 때문입니다. 하지만 한국인과의 의사소통을 위해서는 가족과 친족관계 어휘는 최소한 사촌까지는 정확하게 알고 사용해야 하기 때문에 꼭 외워야 할 어휘들입니다. 그래서 좀 재미있게 어휘를 익히는 방법의 하나로 빙고게임을 합니다. 먼저 가족관계 어휘를 학습한 후 빙고 게임에 사용할 어휘를 정해줍니다. 그리고 학습한 어휘 수에 따라서 빙고칸을 설정하면 됩니다. 빙고 게임이 끝난 후에는 게임에 활용했던 어휘들을 다시 한 번 정리해서 학습자들이 관계에 따라 호칭어를 적절하게 사용할 수 있는지 확인합니다.

※ 빙고게임 방법 : 부록 참조

02 활동 안내

- 준비물 : 가계도, 활동지(빙고판)
- 활동 영역 : 쓰고 말하기
- 활동 유형 : 전체활동
- 활동 시간 : 30분
- 활동상 유의점 : 이 게임은 학습자들이 충분히 어휘를 익힐 시간을 준 후에 실시하는 것이 효과적입니다.

03 활동 순서

① 게임을 시작하기 전에 가족관계 어휘를 학습자들과 같이 정리한다.
② 교사가 게임의 규칙(어휘 종류, 빙고칸수), 빙고기준(완성줄수)을 설명한다.
③ 빙고판이 있는 활동지를 나눠준다.

④ 학습자들은 빙고판에 가족관계 어휘를 적게 한다.

⑤ 쓰기가 끝나면 빙고게임을 시작한다.

⑥ 학습자들이 돌아가면서 순서대로 자신이 적은 단어 가운데 하나씩 크게 말한다.

⑦ 다른 학습자들은 그 단어가 자기 빙고판에 있으면 ×자로 지워나간다.

⑧ 가로, 세로, 대각선으로 ×된 단어가 한 줄을 채우면 그 줄에 옆줄을 긋는다.

⑨ 옆줄이 기준(예를 들어 세 줄 완성)에 도달하면 크게 '빙고'를 외치고 게임에서 빠진다.

⑩ 가장 늦게까지 '빙고'를 외치지 못하는 학습자가 벌칙을 받는다.

가족관계 어휘(부록 참조)

할아버지 할머니 외할아버지 외할머니 아버지 어머니 큰아버지 큰어머니 작은
아버지 작은어머니 삼촌 고모 외삼촌 외숙모 이모 형 오빠 누나 언니 남동생 여
동생 사촌 조카 형수 올케 제수 아주버니 자형 매형 아가씨 처제 처남 시누이 시
동생 시아버지 시어머니 장인 장모

가계도 그림

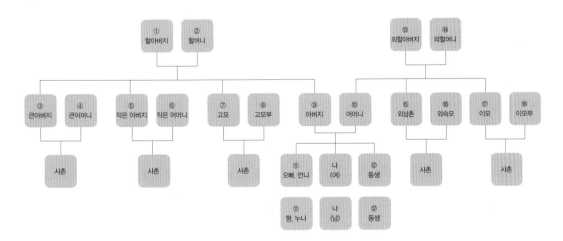

활동7. 가족 호칭어 스피드게임

01   개요

　〈가족 호칭어 스피드게임〉은 학습자들이 배운 가족 호칭어를 잘 이해하고 있는지 여부를 재미있는 스피드게임으로 확인하는 활동입니다. 한국에는 가족관계 호칭어가 그 수가 많고 복잡하기 때문에 외국인으로써는 외우기가 무척 어려운 분야입니다. 이 활동은 같은 관계라 하더라도 본인이 남자인지 여자인지에 따라 달라지는 호칭어를 재미있는 게임을 통해 익히게 하는데 목적이 있습니다. 가족 호칭어를 스피드게임으로 진행하게 되면 학습자들이 설명에 크게 어려움을 격지 않고 '아버지의 누나'과 같이 자신이 이미 아는 호칭어를 사용해서 관계를 설명할 수 있어서 재미있는 활동이 될 수 있으며 가족 호칭어도 게임 속에서 쉽게 학습할 수 있습니다.

※ 스피드게임 방법 : 부록 참조

02   활동 안내

- 준비물 : 어휘카드(팀별로 같은 분량의 어휘카드 묶음 준비)
- 활동 영역 : 듣고 말하기
- 활동 유형 : 전체활동
- 활동 시간 : 30분
- 활동상 유의점 : 스피드게임을 할 때는 설명하는 말에 해당 단어가 들어가면 안 됩니다. 설명자와 대답자가 잘 모르는 단어일 때는 시간 절약을 위해 '통과'라는 단어를 알고 사용하게 합니다. 게임이 진행되는 동안 다른 팀은 경청해야 하며 방해하거나 정답을 이야기하는 일이 없도록 사전에 다짐을 받습니다.

03   활동 순서

① 교사는 가족 호칭어로 된 단어세트를 2벌 준비한다.

② 학습자를 반으로 나누어서 두 팀을 만든다.

③ 교사는 스피드 게임의 규칙과 용어에 대해 설명한다.

④ 교사와 학습자로 나누어서 간단하게 연습을 한다.

⑤ 팀별로 설명자를 정하도록 한다.(단어판은 상대팀이 대답자 뒤에 들고 서 있는다)

⑥ 한 팀씩 순서를 정해서 스피드게임을 진행한다.

⑦ 게임이 끝난 후 팀별 점수를 발표한다.

Tip

게임이 탄력있고 긴장감 있게 진행되기 위해서는 팀별로 단어를 설명하고 대답하는 시간을 5분 정도로 제한 한다.

스피드게임 예시

활동8. 내 말 좀 들어줘~ (가족이 가족에게)

01 개요

　〈내 말 좀 들어줘~〉는 한 가족의 구성원들이 서로 다른 사람에게 하고 싶은 말을 학습자가 그 사람의 입장에서 상상해서 쓰도록 하는 과제활동입니다. 예를 들어 가족의 구성원이 아버지, 어머니, 학습자 이렇게 세 명이면 '아버지→어머니, 어머니→학습자, 학습자→아버지, 아버지→학습자, 어머니→아버지' 등과 같이 서로에게 하고 싶은 말을 말풍선에 넣는 것입니다. 이 활동에서 학습자는 자신이 다른 가족의 입장이 되어 그 사람의 마음을 이해하려고 노력하게 됩니다. 또한 이 과제를 성공적으로 수행함으로써 학습자는 자신의 가족에 대해 다시 한 번 생각하는 기회를 가지며 한국어 대화체 표현과 상대방에 따른 높임 표현을 자연스럽게 구사하게 됩니다. 과제용으로 사용할 말풍선 용지는 교사가 미리 준비하여 제시합니다.

02 활동 안내

- 준비물 : 활동지(말풍선), 가족의 각각 사진 또는 그림
- 활동 영역 : 쓰기
- 활동 유형 : 개별활동
- 활동 시간 : 20분
- 활동상 유의점 : 이 과제는 학습자가 그 취지를 정확하게 이해하는 것이 중요합니다. 학습자 자신의 입장에서 다른 사람의 이야기를 하는 것이 아니라 당사자의 입장에서 생각을 이끌어내야 한다는 점을 명확하게 이해시킵니다.

03 활동 순서

① 학습자들에게 가족의 사진을 가져오게 한다.
② 교사는 과제의 내용을 설명하고 활동지를 나눠준다.

③ 말풍선에 넣을 구어체 표현에 대해 알려준다.

④ 학습자는 가족을 최소한 3명 이상 선정한다.

⑤ 말을 하는 대상과 말을 듣는 대상을 정해서 이름을 쓴다.

⑥ 활동지 형식에 따라 가족의 사진을 붙이거나 얼굴을 그린다.

⑦ 그 가족의 입장이 되어서 다른 가족에게 하고 싶은 말을 말풍선에 적는다.

⑧ 교사는 돌아다니면서 표현의 오류를 지적한다.

⑨ 각자 가족들의 말풍선이 완성되면 과제를 종료한다.

04 확장 활동

이 활동은 '친구가 친구에게', '학생이 선생님에게' 등과 같이 대상을 바꿔가면서 다양하게 진행할 수 있다.

활동9. 학급신문 만들기

01 개요

〈학급신문 만들기〉는 학습자들이 모두 함께 학급에서 일어난 일들을 조사해서 그것을 신문으로 만드는 종합적인 과제활동입니다. 신문을 만들기 위해서는 신문의 섹션을 나누는 일부터 시작해서 구성원 각각이 맡을 임무에 대한 논의, 일의 진행 순서와 분량, 기간 등에 대한 논의 등 학급 전체가 토의를 거쳐 신문을 완성해 가야 합니다. 따라서 이 과제를 성공적으로 수행하기 위해서는 먼저 토의하는 말하기가 필요합니다. 그리고 기사를 만들기 위해 취재하고 그것을 글로 쓰는 작업을 해야 합니다. 그리고 마지막으로 편집하는 과정도 포함됩니다. 그래서 신문 만들기를 위해 꼭 필요한 역할은 취재와 기사 쓰기를 담당하는 취재기자, 편집과 교정을 담당하는 편집기자, 그리고 사진기자 등입니다. 학습자들은 토의를 통해서 각자의 역할을 정하고 임무를 수행하게 되는데 이러한 일련의 과정들은 모두 한국어로 진행되며 각자 자신의 역할을 제대로 수행하지 못하면 완성된 학급신문이 만들어지기 어렵기 때문에 모든 구성원의 협동을 필요로 합니다. 학급신문의 내용은 주로 우리반 활동이나 반 친구들 동정, 학교 주변의 특색 있는 가게 탐방, 학교의 공지사항, 행사일정, 한국생활 체험기 등등 다양하게 채워질 수 있습니다. 학습자들이 학급신문을 같이 협력해서 만들게 되면 그 과정을 통해 한국어 실력 향상과 더불어 한국어로 하나의 작품을 완성해 낸 것에 대한 자부심과 반 친구들과의 친밀감이 상승되어 학급의 전체 분위기 조성에 도움이 됩니다.

02 활동 안내

- 준비물 : 신문용 용지(A4 또는 B4)
- 활동 영역 : 복합
- 활동 유형 : 전체활동
- 활동 시간 : 자유
- 활동상 유의점 : 신문에 넣을 기사는 워드로 작성하지 말고 학습자 스스로 꼭 손으로 직접
  쓰도록 합니다.

① 교사는 신문의 특성에 대해 소개한다.

② 전체회의를 통해 신문 섹션(꼭지)을 3~4개 정도 결정한다.

③ 섹션 수에 따라 팀을 구성하고 팀별로 담당 각 섹션을 나눈다.

④ 팀별로 기사작성을 위해 취재기자, 편집기자, 사진기자를 정한다.

⑤ 팀별로 해당 섹션에 필요한 취재를 한다.(교실 밖)

⑥ 취재한 내용과 사진을 바탕으로 기준에 맞게 기사를 작성한다.(교실 밖)

⑦ 초벌로 작성한 기사 원고를 교사에게 제출한다.(교실 밖)

⑧ 교사가 오류를 체크해서 돌려주면 학습자들이 오류를 수정한다.(교실 밖)

⑨ 팀장들이 모여 전체 구성과 편집에 대해 의논한다.(교실 밖)

⑩ 섹션별로 완성한 내용을 모은다.

⑪ 완성된 신문을 출력한다.

학급신문 만들기 과제는 상황에 따라서 학습자들이 가족들의 동향을 전해주는 '가족신문 만들기'나 교육기관 전체의 소식을 담은 '학교신문 만들기'로 확장할 수 있다.

활동10. 명언집 만들기

01 개요

　〈명언집 만들기〉는 가족과 친구에 대해 학습자가 개인적으로 정의를 내리게 해서 그것을 묶어서 미니 책으로 만드는 과제활동입니다. 이 과제활동을 통해 학습자들이 가족과 친구에 대해 다시 한 번 되돌아보는 시간도 가지고 자신의 마음을 한국어로 표현도 해 보는 시간을 갖습니다. 과제는 먼저 '가족이란 무엇인가' 또는 '친구란 무엇인가'라는 주제에 대해 생각해 보게 합니다. 그리고 자신의 생각을 비유적으로 간단하게 한 단어로 정리해 보게 하고 학습자의 한국어 능력에 맞게 자신이 표현할 수 있는 대로 문장을 만들게 합니다. 교사가 명언을 쓸 수 있는 페이퍼를 만들어 한 장씩 나눠주면 학습자들은 자신이 만든 명언을 그 페이퍼에 자신의 이름과 함께 씁니다. 교사는 페이퍼를 모아서 하나의 작은 책자로 만들어 게시판에 걸어두고 학급의 구성원들이 공유할 수 있도록 합니다. 명언집은 '가족이란 ～', '친구란 ～', '아버지란 ～', '어머니란 ～'과 같이 다양한 가족 구성원에 대한 생각이나 느낌을 모아 시리즈로 만들 수도 있습니다.

02 활동 안내

- 준비물 : 활동지(명언 기록지)
- 활동 영역 : 말하고 쓰기
- 활동 유형 : 전체활동, 개별활동
- 활동 시간 : 30분
- 활동상 유의점 : 교사는 학습자들이 표현상 어려움을 느끼면 바르게 표현하도록 도움을 줄 수 있지만 내용에는 관여하지 않고 자유롭게 생각을 표출할 수 있도록 장려합니다.

〈활동 1〉

① 교사는 해당 주제에 대해 학습자들과 자유롭게 이야기한다.

② 활동지를 한 장씩 나눠준다.

③ 학습자들이 활동지에 자신이 생각하는 '친구란~'을 문장으로 쓴다.

④ 교사는 학습자가 쓴 활동지를 모아 소책자 모양으로 엮는다.

⑤ 활동지 묶음을 게시판에 걸어둔다.

〈활동 2〉

① 교사는 과제로 사용할 주제를 선정한다.

② 교사는 각각의 주제가 적힌 활동지를 준비한다.

③ 활동지를 학습자들에게 돌린다.

④ 학습자들은 활동지에 적힌 주제에 대한 자신의 생각을 쓰고 사인한다.

⑤ 주제에 대해 각각의 활동지에 자유롭게 쓴다.

⑥ 모든 학습자가 주제에 대해 쓴 후 교사는 활동지를 게시판에 진열한다.

⑦ 학습자들은 게시판에 있는 활동지에 수시로 주제에 대한 자신의 생각을 덧붙여 기록한다.

⑧ 게시한 후 일정 기간이 지나면 학습자들에게 각 주제에 대해 가장 인상적이고 공감되는 표현을 선택하도록 한다.

⑨ 뽑힌 표현은 교사가 일정 기간 동안 칠판에 적어놓거나 게시판에 크게 써서 붙여둔다.

Tip | 명언집에 활용할 수 있는 주제

1. 친구란?
2. 가족이란?
3. 아버지란?
4. 어머니란?
5. 형제란?
6. 집이란?
7. 할머니란?
8. 할아버지란?

06 하루일과

'하루일과'는 아침부터 밤까지 하루 동안 이어지는 일정에 대해 시간 표현을 활용해서 소개하도록 제시되는 주제입니다. 초급 학습자는 단문이나 간단한 연결접속어로 이어진 복문을 사용하여 자신의 하루일과를 말할 수 있고 다른 사람의 일과를 듣고 이해할 수 있습니다. 하루일과를 설명하기 위해서는 시간과 관련 표현들을 정확하게 알아야 하며, 행위를 나타내는 동사를 정확하게 선택하여 설명할 수 있어야 합니다. 또한 접속부사를 적절하게 활용하여 앞뒤 내용이 연계성을 가지고 진술될 수 있도록 합니다. 하루일과와 관련된 어휘와 표현들을 모두 학습하고 난 후에 그것을 실제적 과제를 통해 내재화하기 위한 과제활동은 자신의 하루일과를 소개하는 활동을 비롯해서 다른 사람의 하루일과에 대해 알아보는 활동, 그리고 하루일과 가운데서 같이 활동할 수 있는 시간을 찾고 같이 할 일 결정하는 활동 등이 있습니다.

번호	활동 이름	내용	수행 형식	적용 영역
1	하루 일과표 만들기	자신의 하루 일과를 일과표로 그리고 글로 쓴다.	개별활동	쓰기
2	일주일 일정표 짜기	일정일 일정을 표로 만들고 서로 일정을 같은 친구를 찾는다.	개별활동 모둠활동	복합
3	일과표 선발대회	일과표를 전시해서 가장 잘 만든 일과표를 뽑아 상을 준다.	전체활동	복합
4	일정 같은 친구와 약속하기	친구들과 같은 날짜와 시간에 할 수 있는 일을 약속하고 일정표를 채운다.	전체활동 짝활동	듣고 말하기
5	오늘 일기	오늘 하루 동안 있었던 일을 일기로 쓴다.	개별활동	쓰기
6	내일 일기	내일 일어날 일을 상상해서 일기를 쓴다.	개별활동 모둠활동	말하고 쓰기
7	어제 무슨 일을 했지?	스무고개 게임으로 과거형 말하기 연습을 한다	전체활동	말하기
8	스토리 이어 만들기	여러 학습자들이 이야기의 다음을 계속 이어서 하나의 스토리를 만든다.	전체활동	말하기
9	귓속말 전달하기	한국어 문장을 외워서 다른 사람에게 전달한다.	전체활동	듣고 말하기
10	스타의 일일 스케줄 짜기	자신이 좋아하는 연예인의 일일 스케줄을 상상해서 직접 짠다.	개별활동 모둠활동	쓰고 말하기

활동1. 하루 일과표 만들기

01 개요

　〈하루 일과표 만들기〉는 학습자가 자신의 하루 일과를 시간대별로 표로 만들고 문장으로 설명하는 과제활동입니다. 일과표는 하루 24시간을 표시하는 동그라미로 만들거나 하루의 일정표를 시간 순서대로 표시하도록 하는 방법이 있습니다(일과표 예시 참조). 이 활동은 시간대별로 일과를 나누고 시간과 함께 활동 내용을 한국어 문장으로 표현할 수 있도록 하는 데 그 목적이 있습니다. 따라서 그림으로 일과표를 만든 다음에는 그것을 완성된 문장으로 표현하도록 하는 것이 중요합니다. 일과표의 내용은 평소에 학습자가 생활하는 패턴에 따라 매일의 반복적인 일과 또는 방학이나 주말의 일과 계획 등 학습자가 수행해야 할 과제의 세부적인 내용을 교사가 명시적으로 지정해 주면 학습자의 혼란을 줄이고 적극적으로 과제에 임할 수 있습니다.

02 활동 안내

- 준비물 : 활동지(일과표, 부록 참조), 색연필
- 활동 영역 : 쓰기
- 활동 유형 : 개별활동
- 활동 시간 : 20분
- 활동상 유의점 : 하루 일과표는 가능하면 세밀하게 시간대별로 나누어 짜도록 합니다. 일과표 작성하기는 결국 한국어 문장을 연습하기 위한 활동이므로 하루에 이루어지는 다양한 활동들을 표현할 수 있도록 작은 일이라도 다 기록하도록 학습자를 유도해 주세요.

03 활동 순서

① 교사는 과제의 내용에 대해 설명한다.

② 일과표의 예시를 보면서 작성 방법에 대해 소개한다.

③ 학습자들에게 일과표가 그려진 활동지를 한 장씩 나눠준다.

④ 학습자들은 자신이 매일 반복하는 일을 시간대로 나누어 일과표에 표시한다.

⑤ 일과표 그리기가 끝나면 일과표의 내용을 시간순서에 따라 글로 쓴다.

⑥ 교사는 학습자가 수행중인 과제를 둘러보면서 오류를 점검해 준다.

⑦ 일과표를 색연필 등을 이용해서 예쁘게 꾸민다.

⑧ 완성된 일과표를 제출한다.

일과표 예시 1

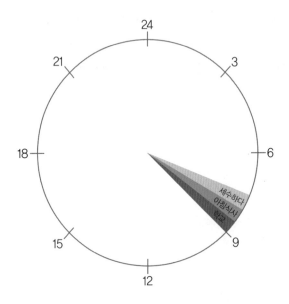

> 나는 아침 일곱 시 반에 일어납니다.
> 일곱 시 반부터 여덟 시까지 세수합니다.
> 여덟 시부터 여덟 시 삼십 분까지 아침을 먹습니다.
> 여덟 시 삼십 분에 학교에 갑니다.

시간	하는 일	문장
~07:30	일어나다	아침 일곱 시 반에 일어납니다.
07:30~08:00	세수하다	일곱 시 반부터 여덟 시까지 세수를 합니다.
08:00~08:30	아침식사	여덟 시부터 여덟 시 반까지 아침을 먹습니다.
08:30~09:00	학교가다	아홉 시까지 학교에 갑니다.

04 확장 활동

하루 일과표 만들기 과제가 끝난 후 그것을 모둠활동으로 발표하기 한다. 일과표에 작성한 문장은 단문으로 쓰지만 그것을 말로 표현할 때는 문장 사이에 적절한 연결어를 넣어야 자연스런 표현이 되므로 여러 문장을 유기적으로 표현하는 능력 향상에 도움이 될 수 있다.

활동2. 일주일 일정표 짜기

01 개요

　〈일주일 일정표 짜기〉는 학습자 자신의 일주일간 생활 과정을 일정표로 만드는 과제활동입니다. 이 과제는 월요일부터 일요일까지 시간대별로 하는 일들을 정리해서 표로 만듭니다(일주일 일정표 참조). 일주일 일정표는 매일매일 또는 특정 요일에 정기적으로 하는 활동을 중심으로 일정표를 만들되, 하고 싶은 일이 있으면 그 계획도 일정표에 넣게 합니다. 학습자가 자신만의 일정표를 만들기 전에 학습 자료로 준비한 일주일 일정표를 보면서 그 내용에 대해 미리 학습한 후에 이 과제를 수행하게 합니다. 일정표에는 정기적인 수업 이외에도 취미생활, 휴식, 만남 등의 다양한 활동을 적게 합니다. 그리고 일정표 아래에는 글쓰기란을 만들어 자신의 일정표에 따라 한국어 문장으로 써보도록 합니다. 최종적으로 학습자는 자신의 일주일 일정을 모둠활동으로 발표하고 다른 친구들의 발표 내용을 들으면서 일정이 같은 친구를 찾습니다.

02 활동 안내

- 준비물 : 활동지(일주일 일정표, 부록 참조)
- 활동 영역 : 복합(쓰기, 말하고 듣기)
- 활동 유형 : 개별활동, 모둠활동
- 활동 시간 : 30분
- 활동상 유의점 : 일주일 일정표는 하루 일정표와 달리 일상적인 생활습관보다는 매일 매일 계획 하에 진행되는 활동을 중심으로 기록하도록 합니다.

03 활동 순서

① 교사는 과제의 내용을 소개한다.

② 일주일 일정표 예시를 보면서 일정표에 대해 설명한다.

④ 활동지를 학습자들에게 나눠주고 작성 방법을 설명한다.

⑤ 학습자들은 자신의 일주일 일정표를 요일별로 작성한다.

⑥ 작성한 일정표를 보면서 문장으로 쓴다.

⑦ 일정표 만들기가 끝나면 모둠활동으로 친구들과 일주일 일정에 대해 서로 이야기한다.

⑧ 다른 친구들의 일정에 대해 듣고 자신과 같은 시간에 같은 활동을 하는 친구를 찾아 체크한다.

⑨ 비는 시간이나 취미활동이 같은 친구를 찾아서 약속을 정한다.

⑩ 친구와 정한 약속을 일정표에 추가한다.

일주일 일정표 예시

	월요일	화요일	수요일	목요일	금요일	토요일	일요일
오전	한국어	한국어	한국어	한국어	한국어	청소 빨래	×
오후	도서관	운동	×	운동	쇼핑	휴식	TV
문장	나는 월요일부터 금요일까지 한국어를 공부합니다. 매일 오전 아홉 시부터 열두 시까지 한국어를 공부합니다. 월요일 오후에 나는 도서관에 갑니다. 도서관에서 책을 읽습니다. ……..						

04 확장 활동

일주일 일정표 발표하기가 끝난 후에 요일별로 같은 시간에 일정이 비는 친구를 찾아서 같이 할 일 계획하고 약속하기 활동으로 이어질 수 있다.

활동3. 일과표 선발대회

01　개요

　　〈일과표 선발대회〉는 학습자들이 만든 하루 일과표 가운데서 가장 잘 짜여진 일정표를 뽑는 과제활동입니다. 이 과제는 '하루 일과표' 과제를 수행한 후에 이어서 활동하면 효과가 큽니다. 먼저 학습자들은 자신들이 만든 하루 일과표에 대해 발표하는 시간을 갖습니다. 그리고 발표가 끝난 후에 교사는 학습자들이 만든 일과표를 모아서 게시판에 진열합니다. 학습자들은 쉬는 시간에 게시판에 진열된 일과표를 찬찬히 둘러보고 제일 잘 만든 일과표에 스티커를 붙입니다. 스티커가 가장 많이 붙은 일과표를 뽑아서 오늘의 일과표로 선정합니다. 일과표를 만들 때 우수 일과표 선발대회가 있을 것임을 미리 공지하고 포상을 준비하면 학습자들의 적극적인 참여를 유도할 수 있습니다. 교사는 학습자들의 일과표를 게시판에 붙인 후 학습자들에게 스티커를 하나씩 나눠줍니다.

02　활동 안내

- 준비물 : 활동지(일일 일과표), 스티커
- 활동 영역 : 복합(말하기, 읽고 평가하기)
- 활동 유형 : 전체활동
- 활동 시간 : 30분
- 활동상 유의점 : 일과표 만들기와 스티커 붙이기는 과제수행 방법에 따라 같이 진행할 수도 있고 따로 진행할 수도 있습니다. 일과표를 개인 과제로 해오게 하면 스티커 붙이기는 수업시간에 진행합니다. 일과표 만들기를 수업시간에 실시하면 스티커 붙이기는 쉬는 시간을 활용합니다.

① 학습자들에게 과제를 설명하고 활동지를 나눠준다.

② 학습자들이 일과표를 만든다.

③ 학습자들이 완성한 일과표를 제출한다.

④ 교사는 학습자들의 일과표를 게시판에 전시한다.

⑤ 학습자들에게 스티커를 한 장씩 나눠준다.

⑥ 학습자들은 쉬는 시간에 게시판에 전시된 일과표를 감상하고 우수하다고 생각되는 일과표에 스티커를 붙인다.

⑦ 일정 전시기간이 끝난 뒤에 스티커의 수를 계산한다.

⑧ 가장 많은 스티커를 받은 일과표를 '모범 일과표'로 선정한다.

⑨ '모범 일과표'에 선정된 학습자에게 포상한다.

Tip

일과표를 게시판에 전시하는 동안 다른 학급의 학습자들도 이 교실에 들러 일과표를 감상하고 점수를 줄 수 있도록 하면 활동이 더 재미있다. 여러 반에서 활동을 진행하는 경우, 진도를 맞춰서 같이 과제를 수행하고 서로 다른 반의 일과표를 감상하고 점수주기를 실시하면 전체 급별 활동이 된다. 이 경우는 전체적으로 가장 많은 스티커와 점수를 받은 일과표를 급내 '최우수 일과표'을 선정할 수 있다.

활동4. 일정 같은 친구와 약속하기

01 개요

〈일정 같은 친구와 약속하기〉는 일주일 일정표 짜기 과제를 실시한 후에 다른 친구들의 일정을 들어보고 자신과 쉬는 일정이 같은 친구를 찾아 같이 계획을 세우도록 하는 과제활동입니다. 이 과제를 수행하기 위해서는 자신의 일정을 짜고 발표하는 것도 중요하지만 다른 사람의 일정과 계획을 잘 듣는 것이 무엇보다 중요합니다. 보통 교실에서는 교사의 발화를 중심을 듣기 때문에 교사의 발화에는 익숙하지만 한국어실력이 비슷한 다른 친구의 발표를 듣고 내용을 정확하게 이해하려면 집중력을 요구합니다. 과제 내용은 먼저 전체발표를 통해서 학습자들이 자신의 일주일 일정표를 발표하면 다른 친구들은 발표자의 이야기를 들으면서 자신의 일정표와 비교합니다. 그리고 일정이 같거나 비는 시간이 같으면 정확한 요일과 친구이름을 체크해 놓습니다. 전체발표가 끝난 후 자신과 일정이 같은 친구를 찾아 함께 활동할 것을 제안합니다. 제안을 받은 친구가 그 제안을 받아들이면 같이 활동계획을 짜게 됩니다. 만약 제안을 받은 친구가 그 제안을 받아들이지 않으면 일정을 함께 할 새로운 친구를 찾아서 다시 제안을 해야 합니다.

02 활동 안내

- 준비물 : 활동지(일주일 일정표, 부록 참조)
- 활동 영역 : 듣고 말하기
- 활동 유형 : 전체활동, 짝활동
- 활동 시간 : 30분
- 활동상 유의점 : 이 과제 후에는 모든 학습자의 일정표가 빈칸이 없이 다 일정으로 채워져야 하며, 최소한 2개 이상의 일정을 다른 사람과 함께 하도록 구성되어야 합니다. 계획을 세울 때는 실제 실행에 옮길 가능성을 고려해서 계획을 세우도록 유도합니다.

03 활동 순서

① 교사는 과제를 설명하고 활동지를 나눠준다.

② 학습자들이 활동지에 일주일 일정표를 짠다.

③ 학습자들이 순서대로 각자의 일정표를 발표한다.

④ 다른 학습자들은 발표자의 발표를 듣고 자신의 일정표와 비교해서 일정이 빈 날이 같은 사람을 찾아 자신의 일정표에 체크한다.

⑤ 모든 학습자의 발표가 끝난 후에 빈 시간이 같은 친구에게 같이 활동을 할 것을 제안한다.

⑥ 두 사람의 의견이 일치하면 빈 시간에 할 일을 같이 계획한다.

⑦ 만약 두 사람의 의견이 일치하지 않으면 새로운 활동친구를 찾는다.

⑧ 학습자들이 자신과 활동을 같이 할 친구를 찾아 활동을 제안하는데 제한시간을 둔다.

⑨ 제한시간이 끝나면 교사는 학습자들이 일주일 일정표를 다 채웠는지 확인한다.

⑩ 학습자들이 자신의 빈 일정을 누구와 무엇을 하기로 했는지 발표한다.

04 확장 활동

비는 시간이 같은 친구를 찾아 계획을 세우고 나면, 실제 그 계획을 실행에 옮기는 교실 밖 활동으로 연계할 수 있다.

활동5. 오늘 일기

01 개요

　〈오늘 일기〉는 아침에 일어나서부터 밤에 잠을 자기 전까지 하루동안 있었던 일을 일기로 쓰는 과제활동입니다. 학습자는 이 활동을 통해 일기를 쓰는 형식과 하루 동안 있었던 일을 과거로 표현하는 기술들을 같이 익히게 됩니다. 보통 일기를 쓰면 매일 반복되는 일상을 쓰는 학습자가 많으므로 교사는 그날 있었던 일 가운데 가장 특징적인 것을 찾아내어 적도록 유도합니다. 일기는 선생님이나 다른 사람에게 이야기하는 것이 아니라 자신의 하루 일과를 정리하는 것이라는 점을 인식시켜 주고 일기의 마무리에 간단한 느낌도 써 보게 합니다. 그리고 일기를 쓸 때 초급 단계의 학습자는 '하다'체를 배우지 않았으므로 '합니다'체로 적는 것을 허용하되, 평상시 회화에서 사용하는 구어체인 '해요'체로 적지 않도록 지도합니다. 그리고 하루동안 있었던 일을 쓴 후에 자신의 느낌을 마지막에 꼭 덧붙이도록 유도합니다.

02 활동 안내

- 준비물 : 활동지(일기장, 부록 참고)
- 활동 영역 : 쓰기
- 활동 유형 : 개별활동
- 활동 시간 : 20분
- 활동상 유의점 : 일기 쓰기의 형식과 문체를 정확하게 이해하고 사용하게 합니다. 일기는 다른 사람이 읽는 것이 아닌 자신에게 하는 이야기라는 점을 알려줍니다.

03 활동 순서

① 교사가 일기의 형식과 의의에 대해 소개한다.
② 어제 있었던 일에 대해 전체적으로 같이 이야기한다.

③ 어제 한 일 중 가장 특별한 일을 찾아보게 한다.

④ 활동지를 학습자들에게 나눠준다.

⑤ 학습자는 활동지에 날짜와 날씨를 적는다.

⑥ 어제 하루 동안 했던 일을 기록한다.

⑦ 한 일을 기록한 뒤, 마지막에 느낌이나 결심 등을 쓰게 한다.

⑧ 일기 쓰기를 마치면 교사에게 제출한다.

⑨ 교사는 오류를 체크해서 돌려준다.

⑩ 학습자는 체크된 오류를 수정해서 새 일기장에 옮겨 쓴다.

Tip

이 활동은 '내일 일기'로도 활용할 수 있다. 내일 일어날 일을 예측해서 일기를 쓰게 하는 것이다. 단, 학습자가 내일 있을 일을 상상해서 쓰는 것이지만 마치 겪은 후에 쓰는 것처럼 과거로 써야 한다.

04 확장 활동

일기 쓰기를 학습한 후에는 가능하면 일주일에 두 번 이상 정기적으로 쓰도록 하면 학습자들의 문장 쓰기 능력과 어휘사용능력을 높이는데 도움이 된다. 단, 이럴 경우에는 교사의 정기적인 피드백이 꼭 필요하다.

활동6. 내일 일기

01   개요

〈내일 일기〉는 내일 자신이 할 것으로 생각되는 일을 미리 경험했다고 가정하고 일기를 쓰는 과제활동입니다. 이 과제에서 학습자는 자신이 내일 무엇을 하고 싶은지, 할 계획인지 상상한 후에 그 일들이 실제로 일어났다고 가정하고 일기를 씁니다. 과제를 시작하면 먼저 학습자에게 자신이 내일 경험하고 싶은 일들을 상상해보게 하고 그 일이 마치 일어난 것처럼 쓰게 합니다. 또는 내일 자신에게 어떤 일이 일어날지 예상되는 것들을 쓰게 합니다. 미래의 일을 과거 시제로 표현하는 활동이라서 조금 어렵기는 하지만 자신의 미래를 자신이 상상하고 원하는 방향으로 만들 수 있기 때문에 학습자의 적극적인 동참이 가능한 활동입니다. 쓰기 활동을 하기 전에 먼저 모둠활동으로 서로 내일 자신에게 일어나기를 바라는 일들에 대해 이야기를 합니다. 아침에 일어나서부터 잠자리에 들 때까지 하루를 상상해본 후에 그 일이 마치 실제로 일어난 것처럼 일기로 쓰게 합니다.

02   활동 안내

- 준비물 : 활동지(일기장, 부록 참조)
- 활동 영역 : 말하고 쓰기
- 활동 유형 : 개별활동, 모둠활동
- 활동 시간 : 30분
- 활동상 유의점 : 내일 일을 상상해서 쓰기는 하지만 일기의 형식에 맞게 마치 그 일을 경험한 것처럼 써야 한다는 점을 학습자들에게 주지시켜야 합니다.

03   활동 순서

① 교사는 과제의 내용과 취지를 설명한다.

② 학습자 3~5명으로 팀을 구성한다.

③ 학습자는 팀별로 내일 일어나기를 바라는 일들을 이야기한다.

④ 교사는 일기형식의 활동지를 나눠준다.

⑤ 학습자는 자신이 상상한대로 일이 일어났다고 가정해서 일기를 쓴다.

⑥ 상상해서 쓰는 일이지만 내일 일을 마치 직접 경험한 것처럼 과거형으로 쓰게 한다.

⑦ 쓰기가 끝나면 과제물을 교사에게 제출한다.

⑧ 교사는 일기형식에 맞게 과거형으로 표현했는지 등을 검사하고 오류를 체크한다.

⑨ 학습자는 교사의 오류체크를 바탕으로 내용을 수정한다.

04 확장 활동

이 과제는 '내일 일기' 말고도 학습자의 관심도에 따라 '내년 오늘 날짜', '10년 후 오늘' 등과 같이 다양한 미래 시점을 이용해서 활용할 수 있다.

활동7. 어제 무슨 일을 했지? (스무고개 게임)

01 개요

〈어제 무슨 일을 했지?〉는 친구들과 어제 무슨 일을 했는지를 맞춰보는 스무고개 게임 활동입니다. 학습자들은 어제 자신이 했던 일 가운데 한 가지를 문장으로 써서 제출하면 스무고개 게임을 통해 다른 학습자들이 그것을 맞히도록 하는 활동입니다. 한 학습자가 앞에 나와서 다른 학습자들의 질문을 받고 그에 대해 '네, 아니요'라는 간단한 대답만 합니다. 질문하는 학습자들은 여러 가지 질문을 통해 앞에 나와 있는 학습자가 어제 한 일을 밝혀내게 되는데 질문을 하는 과정에서 과거 시제를 사용하여 다양한 문장 표현들을 시도해 보게 되며 이를 통해 자연스럽게 한국어 과거표현을 익히게 하는 것이 이 활동의 목적입니다. 학습자들이 각자 문장을 선택할 때는 매일 반복되는 평범한 일보다는 어제 일어난 일 가운데 가장 특별하고 반복적이지 않은 일을 선택하도록 합니다. 과제활동이 재미있게 진행되기 위해서 교사는 '네, 아니요'로만 대답할 수 있는 스무고개 게임의 진행 요령을 학습자들에게 잘 숙지시키는 것이 필요합니다.

※스무고개 게임 방법 : 부록 참조.

02 활동 안내

- 준비물 : 활동지(어제 한 일 적기)
- 활동 영역 : 말하기
- 활동 유형 : 전체활동
- 활동 시간 : 30분
- 활동상 유의점 : 교사는 게임이 원활하게 진행될 수 있도록 진행도우미 역할을 합니다. 질문이 너무 다른 방향으로 흘러가거나 의미가 분명하지 않을 때 적절하게 도움을 줘서 게임의 흐름이 이어질 수 있도록 합니다. 학습자들이 자신이 한 일을 문장으로 써서 제출할 때 다른 사람에게 보이지 않도록 보안을 요합니다.

① 교사는 먼저 학습자들에게 어제 한 일 가운데 한 가지를 문장으로 써내도록 한다.

② 스무고개 게임 방법과 규칙에 대해 소개한다.

③ 학습자와 함께 스무고개 게임을 간단하게 연습한다.

④ 교사는 학습자의 글을 하나 뽑고 그 글을 쓴 학습자를 호명한다.

⑤ 호명된 학습자는 앞으로 나와 스무고개를 진행한다.

⑥ 다른 학습자들이 질문하고 앞의 학습자는 질문에 대해 '네, 아니요'로 대답을 이어간다.

⑦ 질문하는 중에 정답을 아는 학습자가 손을 들고 답을 말한다.

⑧ 답이 맞으면 게임은 종료되고, 답을 맞힌 학습자가 앞으로 나와 다시 질문을 받고 대답한다.

⑨ 정답을 많이 맞힌 학습자와 아무도 답을 못 맞힌 학습자에게 선물을 준다.

　학습자가 제시한 문장을 가지고 '어제 ～한 범인을 찾아보세요'와 같이 특정 인물 색출 작업과 같이 학습자의 호기심을 자극하는 활동을 실시할 수 있다.

활동8. 스토리 이어 만들기

01 **개요**

　　〈스토리 이어 만들기〉는 학급의 구성원들이 다 같이 참여해서 하루 일과를 완성해가는 과제 활동입니다. 이 과제는 학습자들이 순서대로 한 문장씩 말하면 그 뒤를 이어 이야기를 완성해 가는 방법으로 진행됩니다. 따라서 이야기가 어떤 방향으로 흘러갈지 어떤 결말을 가지게 될지 아무도 모르는 상태로 진행이 됩니다. 예를 들어, 첫 번째 사람이 '나는 아침 7시에 일어났습니다'라고 하면 그 다음 사람이 이어서 '그런데 또 자고 싶었습니다'라고 말할 수도 있습니다. 학습자는 자신이 상상하는 대로 이야기를 지어낼 수 있습니다. 다만 이야기는 앞뒤가 연계성을 가지고 이어질 수 있어야 하며, '그리고, 그래서, 그런데, 그렇지만' 등과 같은 연결접속사를 통해 자연스럽게 이어질 수 있도록 유도합니다. 과제를 잘 진행하면 기상천외의 재미있는 스토리가 만들어질 수 있지만 너무 장난스럽거나 억지스럽게 이야기를 끌어가면 과제 진행이 원활하지 못할 수도 있으므로 교사는 중간 중간에 개입을 통해 이야기의 완성도를 높이도록 도와줍니다. 과제가 성공하면 학습자들은 전적으로 자신들이 아는 어휘와 표현을 사용하고 협력해서 한국어로 하나의 스토리를 만들 수 있다는 것에 자신감을 가질 수 있고 반 전체의 결속력도 강해집니다.

02 **활동 안내**

- 준비물 : 없음
- 활동 영역 : 말하기
- 활동 유형 : 전체활동
- 활동 시간 : 20분
- 활동상 유의점 : 이야기가 계기성과 연속성을 가지고 진행될 수 있도록 유도하고 장난스런 방향으로 흘러가지 않도록 지도합니다. 그리고 한 번에 한 문장씩만 말하도록 합니다.

① 교사가 과제의 취지와 조건을 설명한다.

② 연습을 통해 과제 활동에 익숙해지게 한다.

③ 교사가 먼저 운을 떼서 이야기를 시작한다.

④ 교사는 이야기를 이어받을 다음 학습자를 지명한다.

⑤ 학습자가 교사의 말을 받아 이어서 이야기를 문장으로 만든다.

⑥ 그 다음 학습자가 또 이어서 이야기를 만든다.

⑦ 이야기를 연결하지 못하는 학습자는 제외시키고 다음 학습자로 넘어간다.

⑧ 학습자가 마지막 한 명 남을 때까지 이야기를 이어간다.

Tip

이야기를 이어가는 순서는 앉은 순서로 진행해도 되지만 마지막 문장을 말한 사람이 다음 사람을 지목할 수도 있다.

04　　확장 활동

　스토리 이어 말하기 과제가 끝나면 학습자들이 각자 개별적으로 이야기를 상상해서 문장으로 쓰는 활동으로 연계할 수 있다.

활동9. 귓속말 전달하기

01 개요

〈귓속말 전달하기〉는 팀별로 하나의 완성된 문장을 귓속말로 뒷사람에게 순차적으로 전달해서 무사히 마지막 사람에게까지 전달하는 게임활동입니다. 문장을 다음 사람에게 계속 전달해서 첫 번째 사람과 마지막 사람이 같은 문장을 말하면 그 팀은 과제를 성공적으로 수행했다고 봅니다. 첫 번째 사람은 자신이 오늘 한 일 가운데 한 가지를 문장으로 만들어 뒷사람에게 귓속말로 전달합니다. 이 과제는 한국어 문장을 말로 전달하는 과정에서 상대방이 하는 말을 잘 듣고 또 들은 내용을 다른 사람에게 잘 전달해야 하기 때문에 정확하게 듣고 정확하게 말하는 것이 아주 중요합니다. 따라서 학습자들은 이 활동을 하면서 자신의 발화에 보다 신경을 쓰고 다른 사람의 말에 귀를 기울이게 됩니다. 활동에 사용할 문장은 학습자가 스스로 창작할 수도 있고 시간 절약이나 정확성을 위해 교사가 미리 문장을 만들어와 사용할 수도 있습니다.

02 활동 안내

- 준비물 : 없음
- 활동 영역 : 듣고 말하기
- 활동 유형 : 전체활동
- 활동 시간 : 20분
- 활동상 유의점 : 여러 사람이 참여하는 게임이므로 벌칙을 정해서 규정을 어기거나 게임의 긴장도가 떨어지지 않도록 합니다. 이 활동의 가장 중요한 기준은 게임이 진행되는 동안 절대 소리를 크게 내서 다른 사람이 듣게 해서는 안 된다는 것입니다. 만약 큰 소리로 내용을 전달하는 팀이 적발되면 게임에서 진 것으로 판정합니다.

① 교사는 활동에 사용할 문장들을 하나씩 쓴 쪽지를 준비한다.

② 교사는 과제의 내용과 활동에 대해 소개한다.

③ 학습자들을 두 팀으로 구성한다.

④ 두 팀을 두 줄로 앉힌다.(팀원들이 한 줄로 순서대로 앉는다)

⑤ 교사는 두 팀의 제일 앞 사람에게 쪽지를 하나씩 뽑게 한다.

⑥ 쪽지를 뽑은 학습자는 쪽지에 쓰인 내용을 눈으로 읽어서 외운다.

⑦ 교사가 쪽지를 회수한다.

⑧ 교사가 시작을 외치면 제일 앞 학습자는 뒤의 학습자에게 귓속말로 자신이 외운 내용을 전달한다.

⑨ 마지막에 귓속말로 전달을 받은 학습자가 제일 앞으로 나와 칠판에 전달받은 내용을 쓴다.

⑩ 빨리 칠판에 문장을 쓴 팀이 이긴다.

⑪ 같은 방식으로 3~4회 진행한 후 합산점수로 우승팀을 정한다.

귓속말 전달하기 모습

활동10. 스타의 일일 스케줄 짜기

01 개요

　〈스타의 일일 스케줄 짜기〉는 학습자가 유명 스타의 매니저가 되어 스타의 스케줄을 대신 짜주는 과제활동입니다. 이 과제는 하루 일과를 시간 단위로 나누어 표현하는 방법을 익히는 것이 목적인데 학습자의 흥미를 자극하고 활동을 적극적으로 유도하기 위해 학습자들 사이에 인기가 높은 연예인을 활용하는 활동입니다. 과제 수행을 위해 먼저 학습자는 각각 자신이 좋아하는 연예인을 한 명 선정합니다. 연예인으로는 영화배우, 가수, 탤런트, 코미디언, 운동선수 등 대중매체에 노출된 유명인은 누구든지 그 대상이 될 수 있습니다. 학습자는 자신이 선정한 유명인의 일일 매니저가 되어 그 유명인의 하루 일과를 짭니다. 스케줄은 해당 유명인의 직업적 특성에 맞게 구성하되, 학습자가 상상력을 발휘해서 일정을 짜면 됩니다. 이 활동을 위해서는 먼저 매니저의 역할에 대한 이해가 선행되어야 합니다.

02 활동 안내

- 준비물 : 활동지(일일 일과표 참조)
- 활동 영역 : 쓰고 말하기
- 활동 유형 : 개별활동, 모둠활동
- 활동 시간 : 30분
- 활동상 유의점 : 학습자들이 자유로운 상상으로 일정표를 짜게 합니다. 교사는 일정표 내용에 대해 논리적으로 따지거나 간섭하지 않습니다.

03 활동 순서

① 교사는 과제의 내용을 소개하고 활동지를 나눠준다.
② 학습자는 자신이 좋아하는 유명인을 한 명씩 선정한다.

③ 그 유명인이 하는 일과 자신이 좋아하는 이유를 간단히 소개한다.

④ 유명인의 일일 스케줄을 일정표에 짠다.

⑤ 일일 일정표를 짠 다음 그것을 문장으로 쓴다.

⑥ 과제를 완성하면 교사에게 제출한다.

⑦ 교사는 오류를 체크해서 다시 돌려준다.

⑧ 학습자는 오류를 수정해서 완성본을 만든다.

⑨ 모둠활동으로 자신이 완성한 유명인의 스케줄에 대해 발표한다.

04 확장 활동

이 과제는 '내가 유명인이 된다면'이라는 주제로 유명인이 된 자신의 일일 스케줄을 스스로 짜보도록 하는 활동으로 확대해서 응용할 수도 있다.

'휴일과 취미'는 보통 주말이나 휴일 등 시간이 있을 때 즐기는 취미나 여가생활에 대해 이야기하도록 학습자를 유도하는 주제입니다. 일반적으로 초급에서는 주말에 무엇을 하는지, 지난 주말에 무엇을 하였는지를 확인하고 다음 주말 계획을 짜보도록 수업이 구성됩니다. 휴일과 취미에 관한 학습은 요일, 취미와 관련된 어휘, 시제 표현들을 중심으로 하여 진행됩니다. 따라서 휴일계획이나 주말계획, 그리고 취미생활 등을 중심으로 과제를 구성할 수 있습니다. 주말이나 휴일계획은 스스로 할 일에 대한 계획이나 미리 정해져 있는 일정에 대한 소개, 그리고 친구와 약속을 정해서 주말에 같이 활동하기를 계획할 수 있습니다. 자신이 주말이나 휴일에 주로 하거나 한 일을 소개하고 다른 사람의 주말활동에 대해 알아보는 활동, 그리고 주말 계획을 세우고 자신의 취미의 장점을 소개하는 활동, 친구와 같이 주말에 할 일을 계획하는 활동, 또는 취미활동을 즐길 수 있는 동호회와 관련한 활동 등으로 내용을 구성해서 과제로 제시할 수 있습니다.

번호	활동 이름	내용	수행 형식	적용 영역
1	가장 바쁜 사람은 누구?	주말에 한 일들을 이야기하고 그 중 가장 많은 일을 한 사람을 선정한다.	모둠활동 전체활동	복합
2	사람들은 주말에 뭘 할까요?	주말에 사람들이 주로 하는 일을 설문조사해서 발표한다.	개별활동	복합
3	주말 계획 짜기	친구와 주말 계획을 짜서 실제 실행에 옮긴다	짝활동	말하기
4	취미 동호회 만들기	취미가 같은 사람들끼리 동호회를 결성하고 규칙을 만든다.	모둠활동 전체활동	말하고 쓰기
5	이색 취미활동을 찾아라!	재미있는 취미활동을 할 수 있는 방법과 동호회를 찾아서 소개한다	개별활동 전체활동	쓰고 말하기
6	동호회 회원을 모집합니다	취미가 같은 사람들끼리 동호회를 만들고 동호회 회원을 모집한다.	모둠활동 전체활동	복합
7	동호회 홍보 책자 만들기	동아리 회원들이 동아리를 홍보하는 책자를 만든다.	모둠활동	복합
8	동호회 홍보 UCC 만들기	동아리 회원들이 동아리를 홍보하는 동영상을 만든다.	모둠활동	복합
9	인터넷 동호회 가입하기	실제로 자신의 취미에 맞는 인터넷 동호회를 찾아서 회원으로 가입한다	개별활동	복합
10	동아리 회장님 인터뷰	학교 동호회의 회장님을 만나서 동호회에 관한 내용을 인터뷰한다	짝활동	말하고 듣기

활동1. 가장 바쁜 사람은 누구?

01 개요

　〈가장 바쁜 사람은 누구?〉는 학습자들이 주말 동안 각자 자신이 한 일을 모두 발표하고 그 중에서 가장 많은 일을 한 사람을 뽑는 과제활동입니다. 이 과제는 친구들과 주말에 한 일을 서로 이야기하면서 과거표현도 익히고 취미나 휴가 보내는 방법을 표현하는 어휘도 확장하는 활동입니다. 학습자는 자신이 주말에 한 일을 문장으로 표현하기 위해 적절한 어휘와 문법표현을 찾아서 문장을 완성합니다. 과제는 먼저 학습자 각각이 토요일이나 일요일을 정해서 학습자 각각이 주말에 한 일들을 시간 순서대로 완전한 문장으로 써내려가도록 한 다음 팀별로 자신들이 주말에 한 일들에 대해 서로 이야기합니다. 이때 주말에 했던 일이란 일반적으로 누구나 다하는 '세수하고 밥 먹기, 양치하기' 등과 같이 일상생활에서 반복되는 것은 제외합니다. 각 팀에서 주말에 한 일이 가장 많은 사람을 대표로 한 사람 뽑고, 각 팀별 대표는 전체활동으로 주말에 한 일을 발표하고 그 중에서 가장 많은 일을 한 사람을 '주말에 가장 바빴던 사람'으로 선정합니다. 우리 교실에서 '가장 바쁜 사람'을 위해서 부상으로 무엇을 준비하면 좋을까요?

02 활동 안내

- 준비물 : 활동지
- 활동 영역 : 복합(쓰고 말하기, 듣기)
- 활동 유형 : 모둠활동, 전체활동
- 활동 시간 : 30분
- 활동상 유의점 : 활동을 하기 전에 '이것은 된다, 안 된다'하고 규제를 하기보다는 먼저 학습자들이 자유롭게 자신이 한 일을 쓰게 한 후, 다 같이 중복되거나 반복적인 일상은 빼도록 유도합니다. 규제가 많으면 학습자가 창의적인 내용을 생산하는 것을 주저하기 때문이죠.

① 교사는 수행해야 할 과제의 내용을 소개한다.

② 학습자 3~5명 정도로 팀을 구성한다.

③ 학습자들에게 활동지를 나눠준다.

④ 학습자들은 주말에 자신이 했던 일들을 모두 활동지에 정리한다.

⑤ 모둠활동으로 각자 주말에 했던 일을 이야기한다.

⑥ 모둠활동 구성원 가운데 가장 많은 일을 한 학습자를 한 명을 대표로 선정한다.

⑦ 모둠활동이 끝나면 팀별로 뽑힌 대표가 앞에 나와서 자신이 주말에 한 일을 발표한다.

⑧ 발표자 가운데 주말에 한 일이 가장 많은 사람을 '가장 바쁜 사람'으로 선정한다.

⑨ 발표자 중 한 일의 가짓수가 같은 경우에는 보다 인상적인 일을 한 사람을 '가장 바쁜 사람'으로 선정한다.

활동지 예시

제목	지난 주말에 무엇을 했어요?
내용	언제, 어디서, 누구와, 무엇을, 왜, 어떻게
1	
2	
3	
4	
5	

04 확장 활동

이 활동은 '주말에 가장 재미있었던 사람', '주말에 가장 멀리 간 사람', '주말에 가장 많이 먹은 사람', '주말에 사람을 가장 많이 만난 사람' 등 다양한 주제로 진행할 수 있다.

활동2. 사람들은 주말에 뭘 할까요?

01 개요

〈사람들은 주말에 뭘 할까요?〉는 일반 사람들이 주말에 주로 하는 일이 뭔지 실제 교실 밖으로 나가 조사하는 과제활동입니다. 이 활동은 학습자들이 교실에서 배운 표현들을 실제 상황에서 한국인과 직접 대화를 시도하고 자신의 뜻을 전달하며 원어민의 말을 이해하는 능력을 키우는 데 그 목적이 있습니다. 주말에 무엇을 주로 하는지에 관해 간단한 설문내용을 작성해서 그것을 한국인들에게 직접 물어보고 대답을 듣는 활동을 통해 학습자들은 한국어로 대화하는 것에 자신감과 용기를 얻을 수 있습니다. 대부분 학습자들은 교실에서 교사와 대화를 나누는 것은 어느 정도 가능하지만 실제 상황에서 한국인과 대화하는 것을 아주 어려워하고 용기를 내지 못합니다. 교사는 학습자들의 서툰 표현에 익숙하지만 외부의 일반 한국인들은 외국인학습자의 어눌한 발음이나 표현을 잘 이해하지 못하는 경우가 많기 때문인데 대부분의 학습자는 이런 상황에 맞닥뜨리면 당황해서 자신감이 더 없어지고 위축되어 말을 잘 못하게 됩니다. 그러므로 이 과제가 성공적으로 이루어지기 위해서는 교실에서부터 충분한 모의 연습을 통해 학습자가 과제내용에 대해 어느 정도 자신감을 갖게 된 후에 실제 상황에 부딪히는 것이 중요합니다. 모의 연습은 교육기관 내에서 이 과제를 수행할 급수의 학습자보다 단계가 높은 학습자나 교사를 대상으로 설문조사를 먼저 실시하는 것입니다.

02 활동 안내

- 준비물 : 활동지(설문조사지)
- 활동 영역 : 복합(말하고 듣기, 쓰기)
- 활동 유형 : 개별활동
- 활동 시간 : 자유
- 활동상 유의점 : 설문조사할 때 지켜야 할 유의사항을 미리 주지시킵니다. 학습자들의 자신감 향상을 위해 설문조사를 위해 대상자에게 접근할 때 사용하는 인사말이나 양해말 같은 것을 교실에서 미리 연습한 후에 실제에 응하도록 하는 것이 좋습니다.

활동 순서

① 교사는 설문 내용을 만든다.

② 교사는 학습자가 수행해야 할 과제의 내용에 대해 설명한다.

③ 학습자들에게 설문 조사지를 나눠준다.

④ 설문조사지의 내용에 대해 설명한다.

⑤ 교실내에서 모의 설문조사를 실시한다.

⑥ 학습자들은 각자 한국인을 대상으로 설문조사를 실시한다.(교실 밖)

⑦ 팀별로 설문조사 내용을 정리하고 순위를 정한다.

⑧ 각 팀의 대표가 팀별로 정리한 내용을 발표한다.

⑨ 교사는 팀별로 발표하는 내용을 칠판에 판서한다.

⑩ 팀별 조사내용을 비교하여 일반 사람들이 주말에 가장 많이 하는 일의 순위를 선정한다.

주말에 하는 일 설문 조사지 예시

질문	①	②	③
이름이 뭐예요?			
직업이 뭐예요?			
나이가 몇 살이에요?			
주말에 주로 무엇을 해요?			
어디에서 해요?			
누구와 함께 해요?			
돈이 얼마나 들어요?			
시간이 얼마나 걸려요?			
왜 그것을 해요?			

04 **확장 활동**

이 과제는 '외국인이 주말에 가장 많이 하는 일', 또는 '대학생이 주말에 가장 많이 하는 일' 등 학교 주변 환경에 맞게 설문대상을 바꿔가면서 실시할 수 있다.

활동3. 주말 계획 짜기

01   개요

〈주말 계획 짜기〉는 학습자가 친구와 함께 주말에 할 일에 대해 계획을 짜고 그것을 실제로 실행에 옮기는 과제활동입니다. 이 과제는 짝활동으로 진행하므로 과제 수행 전에 먼저 짝을 정합니다. 보통 짝을 정할 때는 옆에 앉아 있는 학습자끼리 묶어주는 경우가 많지만 옆에 앉은 친구는 늘 대화 연습을 같이 하기 때문에 대화 패턴이나 발음 특징을 잘 알아서 신선함이 없습니다. 그래서 새로운 방법으로 짝을 정해서 평소에 대화할 기회가 별로 없었던 친구와 짝을 만들어주는 것도 활동을 활기차게 하는 방법입니다. 짝이 정해지면 두 사람은 돌아오는 주말에 무엇을 할 것인지에 대해 구체적으로 계획을 세웁니다. 약속 장소, 만나는 시간, 할 일, 준비물, 비용 등등에 세부적인 사항을 의논해서 결정하게 합니다. 교사는 주말계획 세우기표를 5w1h원칙에 맞게 만들어 나누어주고 거기에 짝과 의논한 세부사항을 기록하도록 합니다. 그리고 계획세우기가 끝난 후에는 전체활동으로 팀별로 발표하고 다른 팀의 계획을 듣습니다. 다른 팀의 계획을 들으면서 새롭고 참신한 내용이 있으면 우리팀의 계획을 수정하거나 보강할 수 있습니다.

02   활동 안내

- 준비물 : 활동지(계획 세우기표, 부록 참조)
- 활동 영역 : 말하기
- 활동 유형 : 짝활동, 전체활동
- 활동 시간 : 20분
- 활동상 유의점 : 주말 계획은 실제 실행에 옮길 수 있도록 정확하고 현실적으로 짜게 합니다.

① 교사는 짝을 구성할 표를 만든다.(동일 번호 2개씩 학습자 수만큼)

② 학습자들에게 번호표를 뽑게 한다.

③ 같은 번호를 가진 두 명이 한 조가 되게 하고 자리 이동을 한다.

④ 수행해야 할 과제를 소개하고 조별로 활동지를 나눠준다.

⑤ 정해진 시간 동안 학습자들은 짝과 함께 주말에 할 일을 계획을 세운다.

⑥ 계획한 내용을 활동지 서식에 맞게 작성한다.

⑦ 주말 계획 세우기 짝활동이 끝나면 전체활동으로 각자 조의 계획을 발표한다.

⑧ 전체발표가 끝난 뒤, 학습자들은 자기 조의 계획을 수정하거나 내용을 첨가한다.

⑨ 완성된 주말 계획표를 제출한다.

주말 계획 짜기 포함 내용
1. 참석자
2. 날짜, 시간
3. 장소
4. 교통
5. 하는 일
6. 비용
7. 준비물
8. 기타

　주말 계획 짜기 활동은 과제의 결과에 따라 실제 주말에 계획한 일들을 실행해 보도록 하고 그 결과를 보고하도록 하는 과제로 확장할 수 있다.

활동4. 취미 동호회 만들기

01 개요

〈취미 동호회 만들기〉는 학급에서 취미가 같은 사람들끼리 모여서 취미 동아리 또는 취미 동호회를 만드는 과제활동입니다. 이 활동은 학습자들이 한국어 수업을 단순한 공부의 차원을 넘어서 자신의 생활의 일부분으로 만들어주기 위한 활동이라 할 수 있습니다. 먼저 학습자들은 수업시간에 각자의 취미를 소개합니다. 교사는 학습자들이 말하는 취미를 모두 칠판에 적은 후 투표를 통해 그 중 3~4명 정도의 소모임이 가능하게 취미의 종류를 모아줍니다. 이후 같은 취미를 선택한 학습자들이 모여서 동호회 이름 짓기, 회장 선출하기, 회칙 만들기, 정기모임 정하기, 활동 계획 짜기 등을 의논하게 됩니다. 이때 교사는 동호회 회원이 의논해야 할 내용을 구체적으로 제시합니다. 학습자들은 한국어를 사용하여 토의를 하면서 주어진 문제를 해결해 나가게 됩니다. 모둠활동이 끝나면 팀별로 자신들이 결정한 동호회에 대해 발표합니다.

02 활동 안내

- 준비물 : 활동지(동호회 활동지)
- 활동 영역 : 말하고 쓰기
- 활동 유형 : 모둠활동, 전제활동
- 활동 시간 : 30분
- 활동상 유의점 : 학습자들이 만드는 동호회는 실제로 운영할 수 있다는 점을 주지시켜서 진지하게 논의해 보게 합니다.

03 활동 순서

① 교사는 과제수행을 위해 필요한 모둠의 수를 미리 계산해 놓는다.
② 교사는 취미활동의 종류를 칠판에 나열한다.

③ 학습자들에게 참여하고 싶은 취미활동을 선택하게 한다.(선착순 인원 제한)

④ 취미활동의 구성원이 정해지면 모둠활동을 실시한다.

⑤ 팀별로 각 동호회의 이름을 정하고 회장을 선출한다.

⑥ 활동지의 내용을 기준으로 동호회에서 할 일과 규칙들에 대해 의논한다.

⑦ 모둠활동이 끝나면 각 동호회 회장이 나와서 자신들의 동호회를 소개한다.

⑧ 모든 동호회 소개가 끝나면 기존 동호회 회원 가운데 다른 동호회로 옮기고 싶은 사람이 있는지 확인한다.(만약 다른 동호회로 옮기고 싶은 회원이 있으면 회장간의 합의에 따른다)

동호회 활동지 예시

동호회 내용	
1. 동호회 이름	
2. 동호회 종류	
3. 동호회 회장	
4. 동호회 회비	
5. 동호회 규칙	
6. 동호회 회원 자격	
7. 동호회 정기모임	
8. 동호회 활동	
9. 회원 이름	

Tip

이 과제 결과로 결성된 동호회는 학기가 끝날 때까지 실제 학급의 동호회로 활용할 수 있다.

04 확장 활동

동호회 만들기 과제가 끝나면 방과 후나 주말에 모여서 실제로 동호회 활동을 하도록 하는 실제 과제를 제시할 수 있으며, 각 동호회에서 회원 모집 광고를 포스터로 만드는 활동을 실시할 수 있다.

활동5. 이색 취미활동을 찾아라!

01 개요

〈이색 취미활동을 찾아라〉는 일반 사람들이 실제로 즐기고 있는 이색적인 취미활동을 구체적으로 조사해서 발표하는 과제활동입니다. 보통 사람들이 쉽게 할 수 있는 취미활동(등산, 테니스, 우표수집, 노래 부르기...) 이외에 사람들이 잘 모르는 이색적인 취미활동(행글라이더, 암벽타기...)에 대해 자세히 조사해서 친구들에게 한국어로 소개하는 것을 목적으로 하는 과제입니다. 이 과제를 수행하기 위해서는 먼저 교사가 이색적인 취미활동 종류를 학습자 수만큼 찾아와야 합니다. 학습자들은 교사가 제시하는 취미활동 목록에서 자신이 조사하고 싶은 취미활동을 선택하고 그것에 대한 상세한 내용을 조사해 옵니다. 학습자들은 인터넷이나 서적 등을 통해 정보를 수집하는 과정에서는 모국어를 충분히 활용할 수 있도록 하고 교실 발표를 위해 자신이 수집한 정보들을 한국어로 글로 써서 정리하는 과정을 거치게 합니다. 최종적으로 각 학습자가 조사한 이색적 취미활동을 교실에서 발표하는 것으로 과제가 완성됩니다. 이 과제를 수행하는 중에 모국어로 자료를 수집하거나 한국어로 내용을 쓰는 과정은 교실 밖 활동으로 학습자에게 숙제로 해 오도록 하면 시간을 절약할 수 있습니다.

02 활동 안내

- 준비물 : 활동지
- 활동 영역 : 쓰고 말하기
- 활동 유형 : 개별활동, 전체 활동
- 활동 시간 : 30분
- 활동상 유의점 : 교사가 취미활동을 미리 조사해 올 수도 있지만 학습자에게 직접 이색적인 취미활동을 찾아오게 할 수도 있습니다. 또는 목록에는 없지만 학습자가 조사하고 싶은 취미가 따로 있으면 그것을 우선적으로 과제로 선택합니다.

① 교사는 이색 취미활동의 종류를 학습자 수만큼 수집한다.

② 교사는 학습자들이 수행해야 할 과제에 대해 설명한다.

③ 교사가 미리 조사해온 이색 취미활동의 목록을 나열한다.

④ 학습자들은 자신이 조사하고 싶은 취미활동을 선택한다. 이때 같은 활동이 중복되지 않도록 빨리 말한 학습자에게 우선권을 준다.

⑤ 학습자들에게 활동지를 나눠주고 조사해야 할 세부 항목에 대해 설명한다.

⑥ 학습자들은 각자 자신이 선택한 이색 취미활동에 대해 조사한다.(교실 밖)

⑦ 조사한 내용을 한국어로 활동지에 정리한다.(교실 밖)

⑧ 조사한 내용을 전체활동으로 교실에서 발표한다.

⑨ 발표가 끝난 뒤 관심있는 활동에 대해 서로 질의응답한다.

이색 취미활동 활동지 예시

조사 항목	조사 내용
취미의 이름	
취미의 내용	
취미 활동하는 장소	
취미에 필요한 준비물	
취미의 특징	
동호회	
동호회 가입 방법	
동호회 가입 자격	

04 확장 활동

조사해온 이색 취미활동 가운데 자신이 배우고 싶은 취미활동이 있으면 직접 동호회를 찾아서 가입하게 하는 활동으로 연계할 수 있다.

활동6. 동호회 회원을 모집합니다

〈동호회 회원을 모집합니다〉은 학습자들이 만든 동호회에 회원을 확보하기 위한 회원 모집 포스터를 만들어서 동호회를 소개하고 회원을 모집하는 과제활동입니다. 학습자들은 자신들이 만든 취미 동호회에 다른 사람들이 관심을 가지고 등록하도록 하기 위해 동호회를 알리고 회원을 모집하는 포스터를 만듭니다. 포스터에는 동호회의 특징을 한눈에 알 수 있게 '동호회의 성격, 동호회의 장점, 동호회 회원의 자격, 동호회의 활동' 등이 간략하고 인상적으로 들어있어야 하며 회원모집 기간, 장소, 연락처 등이 구체적으로 제시되어 있어야 합니다. 포스터 만들기가 끝나면 각 동호회 회장이 나와서 간단하게 동호회에 대해 소개하고 회원 모집 공지를 합니다. 교사는 결과물을 모아서 게시판에 전시하고 각 동호회에 소속된 회원들이 언제든지 새 동호회로 옮겨갈 수 있음을 알려줍니다. 이 활동은 동호회 만들기 과제를 수행하고 난 뒤에 이어서 하면 유용합니다.

02   활동 안내

- 준비물 : 포스터용지(팀 수대로), 색연필, 마카펜 등
- 활동 영역 : 복합(문제해결)
- 활동 유형 : 모둠활동, 전체활동
- 활동 시간 : 40분
- 활동상 유의점 : 학습자들이 포스터를 만드는 동안, 학습자의 도움 요청이 있을 때를 제외하고 교사는 그 내용이나 형식에 대해 일체 간섭하지 않습니다.

03   활동 순서

① 교사는 다양한 취미활동을 소개한다.

② 학습자들은 교사가 제시한 활동 가운데 각자 참여하고 싶은 활동을 선택하게 한다.

③ 같은 활동을 선택한 학습자들을 묶어서 팀을 만든다.(선착순 3~5명 정도)

④ 모둠활동을 통해 동호회 회장을 선출하고 동호회의 이름을 만든다.

⑤ 교사는 포스터용지와 색연필을 팀별로 나눠준다.

⑥ 각팀은 자신들의 동호회를 소개하고 회원을 모집하는 광고를 만든다.

⑦ 동호회 포스터가 완성되면 교사가 완성품을 받아서 칠판에 전시한다.

⑧ 각 동호회 회장이 앞에 나와서 동호회 소개와 회원모집에 대해 안내한다.

⑨ 모든 동호회 회원모집 안내가 끝난 뒤 동호회를 옮길 수 있다.

⑩ 최종적으로 동호회 회원을 가장 많이 확보한 팀에 특전(보상)을 준다.

⑪ 과제활동이 모두 끝난 후 교사는 포스터를 모아서 교실 뒤나 교실 밖 게시판에 전시한다.

> **Tip**
>
> 동호회 만들기와 동호회 포스터 만들기는 각각 독립된 활동으로 실시하되, 연계선을 가지고 순차적으로 실시하는 것이 효과적이다.

04 확장 활동

〈동호회 회원 모집 포스터〉 활동에 이어서 동호회 홍보 책자와 UCC동영상 만들기 등의 활동을 실시할 수 있다.

활동7. 동호회 홍보책자 만들기

01 개요

　〈동호회 홍보책자 만들기〉는 학습자들이 조직한 취미 동호회에서 동호회의 성격과 활동 등을 널리 알리기 위한 홍보책자를 만드는 과제활동입니다. 이 과제를 수행하기 위해서는 '동호회 만들기' 과제가 우선적으로 이루어져야 합니다. 두 과제는 한 활동으로 묶어서 진행할 수도 있고, 순차적으로 단계별로 진행할 수도 있습니다. 수업시간 가운데 과제에 활용하는 시간에 맞게 적절하게 조절해서 과제로 제시할 수 있을 것입니다. '동호회 홍보책자' 안에 들어갈 내용은 전적으로 동호회 회원들에게 일임을 하되, 대략적인 분량(A4 반절 표지 포함 6~7매)을 정해주고 동호회를 잘 알릴 수 있는 내용으로 구성하도록 지도합니다. 다만 홍보책자에 들어갈 만한 내용의 가이드라인으로 '동호회 소개, 회원 명단, 정기 모임 안내, 활동 사진, 동호회 활동의 좋은 점' 등을 예시로 소개할 수 있습니다. 학습자들은 책자의 형태에서부터 내용, 구성, 편집, 사용자료 등에 관해 팀 토의를 거쳐 홍보책자를 제작하는 활동을 하게 됩니다. 완성된 책자는 수업과정이 모두 마칠 때까지 교실 뒤편에 비치하여 누구든지 구경할 수 있도록 합니다.

02 활동 안내

- 준비물 : A4 용지, 색연필
- 활동 영역 : 복합(문제해결)
- 활동 유형 : 모둠활동
- 활동 시간 : 30분(토의), 자유(작품제작)
- 활동상 유의점 : 교사는 홍보책자에 대해 논의를 하거나 편집하는 데 있어서 발견되는 발음, 철자 오류는 지적하지 않습니다. 정확성보다는 활동 그 자체에 의미를 두는 수업으로 진행하면 학습자들이 오류에 대해 스트레스를 받지 않고 즐겁게 작품을 만들 수 있기 때문입니다.

03 활동 순서

① 교사는 과제의 내용(활동방법과 책자 분량 등)을 자세히 설명한다.

② 취미나 관심이 비슷한 학습자들끼리 묶어서 팀을 만든다.(동호회만들기 활동 이용)

③ 팀별로 취미활동 동아리를 만든다.

④ 팀별로 동아리의 회장과 동아리의 이름을 정한다.

⑤ 팀별로 동아리 홍보책자의 차례와 내용에 대해 의논한다.

⑥ 팀별로 역할을 정해서 정보를 찾아온다.(교실 밖)

⑦ 정보를 바탕으로 각자 맡은 내용을 쓴다.(교실 밖)

⑧ 편집회의를 통해 내용과 사진을 배열한다.(교실 밖)

⑨ 완성된 책자를 교사에게 제출한다.

⑩ 교사는 과제물을 확인하고 이를 게시판에 전시한다.

활동8. 동호회 홍보 UCC 만들기

01 개요

　〈동호회 홍보 UCC 만들기〉는 학습자들이 직접 자신이 만든 동아리의 홍보용 동영상을 만드는 과제활동입니다. 이 활동은 학습자들이 자신들이 만든 동아리의 특성을 짧은 동영상 속에 드러낼 수 있도록 직접 내용을 짜고 배역을 정하고 촬영을 해서 한국어로 된 작품을 만들도록 하는 데 그 목적이 있습니다. 교실 안에서는 시나리오 쓰기와 배역 정하기 등을 수행하고 동영상 촬영은 교실 밖 활동으로 수행하게 합니다. 완성된 동영상은 교사가 메일로 받아서 수업시간에 전체 동영상 감상과 평가의 시간을 갖습니다. 이 활동 역시 〈취미동호회 만들기〉 활동이 수행된 후에 실시해야 합니다.

02 활동 안내

- 준비물 : 활동지(시나리오용), 촬영기계(휴대전화, 사진기)
- 활동 영역 : 복합(문제해결)
- 활동 유형 : 모둠활동
- 활동 시간 : 30분(시나리오 작성), 자유(동영상 촬영)
- 활동상 유의점 : 동영상 제작에는 팀원들이 모두 참여하여야 하며 동영상 상영 시간을 제한합니다.

03 활동 순서

① 교사는 과제의 성격과 수행방법에 대해 설명한다.
② 3~5명으로 구성된 팀을 만든다.
③ 학습자들에게 활동지를 나눠준다.

④ 팀별로 동아리를 정하고 이름을 붙인다.(동호회 만들기 활동 참고)

⑤ 팀별로 동아리 홍보 내용과 방법에 대해 토의한다.

⑥ 팀별로 동영상 제작을 위한 시나리오를 작성한다.

⑦ 동영상 제작에 필요한 역할을 배분한다.(연출자, 배우, 스텝)

⑧ 동영상을 찍는다.(교실 밖)

⑨ 완성된 동영상을 교사에게 전송한다.

⑩ 교사는 학습자들이 전송한 동영상을 모아 교실에서 상영한다.

동호회 동영상 시나리오 예시

동호회 소개	
조원 이름	
동호회 종류	
동호회 이름	
동영상	
1. 내용	
2. 역할	• 감독 : • 스텝 : • 배우 :
3. 시나리오	• 배경 : • 지문 : • 인물대사 :

04 확장 활동

동영상 상영 후에 학급별로 가장 잘 만든 동영상을 뽑아서 전체 동영상 선발대회를 개최한다.

활동9. 인터넷 동호회 가입하기

01 개요

〈인터넷 동호회 가입하기〉는 학습자가 각자 개인적으로 가입하고 싶은 동호회를 인터넷에서 찾아 온라인상에서 실제 회원으로 가입하는 교실 밖 과제활동입니다. 이 활동은 학습자의 한국어 사용능력 향상을 위해 한국어로 설명된 인터넷 동호회를 찾아서 동호회의 성격과 회원가입 절차를 모두 이해하고 거기서 지시하는 내용에 따라서 무사히 회원가입에 성공하는 것이 목적입니다. 회원가입을 한 후에는 회원가입이 완료된 화면을 인증사진으로 찍어오게 합니다. 학습자는 인터넷 동호회 회원가입 후에 교실에서 자신이 가입한 동호회에 대해 간략히 설명하고 회원가입 조건이나 절차 등을 소개하는 시간을 가집니다. 그리고 인터넷 사용이 가능한 교실이라면 학습자가 실제로 가입한 동호회에 접속해서 로그인하는 시범을 보일 수 있습니다.

02 활동 안내

- 준비물 : 없음
- 활동 영역 : 복합(문제해결)
- 활동 유형 : 개별활동
- 활동 시간 : 자유
- 활동상 유의점 : 학습자가 가입하고자 하는 동호회가 겹치지 않도록 수업시간에 미리 학습자가 가입하고 싶은 동호회 종류에 대해 조율을 하는 것이 좋습니다.

03 활동 순서

① 학습자들이 각자 하고 싶은 취미활동을 정한다.
② 자신이 하고 싶은 취미활동을 하는 인터넷 동호회를 찾는다.(교실 밖)

③ 인터넷 사이트에 들어가 회원으로 가입한다.(교실 밖)

④ 가입이 완료되었음을 알리는 문구를 캡쳐하거나 사진을 찍는다.(교실 밖)

⑤ 교실에서 인터넷으로 자신이 회원으로 가입한 동호회에 로그인을 시도한다.

⑥ 로그인이 성공하면 과제 수행이 완료된다.

⑦ 학습자들은 자신이 가입한 인터넷 동호회에 대한 정보를 발표한다.

04 확장 활동

인터넷을 사용해서 동호회에 가입할 때의 어려웠던 점이나 특이한 점 또는 그 과정에서 알게 된 유익한 정보 등에 서로 경험을 이야기하는 말하기 활동을 실시할 수 있다.

활동10. 동아리 회장님 인터뷰

01 개요

〈동아리 회장님 인터뷰〉는 학교에 있는 동아리의 회장을 만나 동아리의 이모저모를 알아보는 인터뷰 활동입니다. 이 활동은 실제 운영되고 있는 동아리에 대한 정보를 수집하기 위해 한국인을 인터뷰하는 과정에서 한국어 사용을 극대화하도록 하는 데 목적이 있습니다. 이 과제는 학습자의 자신감을 높여주기 위해 2인이 일조가 되는 짝활동으로 진행하는 것이 좋습니다. 그리고 교사는 과제를 수행하기 전에 미리 인터뷰를 해야 할 동아리와 기본적인 인터뷰 내용을 지정해 줍니다. 학습자는 기본질문 외에 자신이 궁금한 내용을 인터뷰에 추가할 수 있습니다. 학습자는 스스로 담당 동아리의 회장을 찾아 연락하고 만나서 인터뷰하는 활동을 진행함으로써 과제를 수행하게 됩니다.

02 활동 안내

- 준비물 : 활동지(인터뷰지, 부록 참조)
- 활동 영역 : 말하고 듣기
- 활동 유형 : 짝활동
- 활동 시간 : 자유
- 활동상 유의점 : 교사는 학교 내에서 활발한 활동을 펼치고 있는 동아리를 선정해서 과제활동이 원활하게 일어날 수 있도록 합니다. 만약의 경우를 대비해서 동아리 회장의 연락처도 교사가 미리 확보해 두었다고 학습자가 정보 수집이 어려울 경우에 사용합니다.

03 활동 순서

① 교사는 학습자들이 공부하는 교육기관의 동호회를 조사하여 목록을 작성한다.

② 팀의 수만큼 동호회를 선정하고 선정한 동호회 이름을 각각 종이에 써서 접는다.

③ 교사는 과제의 내용을 설명한다.

④ 학습자들을 두 명씩 조를 구성한다.

⑤ 학습자들은 조별로 자신들이 조사할 동아리를 뽑아 확인한다.

⑥ 교사는 인터뷰 내용이 담긴 활동지를 나눠준다.

⑦ 학습자들은 동아리방을 찾아 회장의 연락처를 받는다.(교실 밖)

⑧ 동아리 회장과 직접 연락하고 약속을 정한다.(교실 밖)

⑨ 동아리 회장과 인터뷰를 실시한다.(교실 밖)

⑩ 인터뷰지를 완성하여 제출한다.

Tip ∣ 인터뷰 내용의 예시

1. 동아리 이름
2. 성격
3. 역사(시작)
4. 회원수
5. 회비
6. 모임 날짜
7.   ⋮
8.   ⋮

여행

　'여행'은 한국이나 세계 여러 곳에서의 관광지를 중심으로 학습자의 여행 경험이나 여행 계획 등을 표현하게 하는 주제로, '장소'나 '교통', '주말'과 연계하여 제시하면 학습내용이 훨씬 풍부해질 수 있습니다. 읽기 자료로 특정 관광지에 대한 소개나 기행문 등을 제시하여 학습자가 여행에 흥미를 가지고 유사한 활동을 할 수 있도록 유도하기도 합니다. 한국과 학습자의 나라, 그리고 세계 여러 나라의 유명한 장소들에 대해 알아보고, 그곳에 갈 수 있는 방법들을 알아보게 하는 활동을 과제로 제시할 수 있습니다. 나아가서 학습자들이 스스로 여행상품을 개발해서 판매하거나 관광객을 대상으로 가이드가 되어보는 활동, 친구들과 여행계획을 세워서 실제로 가까운 곳으로 여행을 떠나가 보게 하는 활동 등을 이 주제의 과제로 계획할 수 있습니다. 여행은 한국에서 생활하는 외국인 학습자들이 한국의 여러 관광지를 여행할 수 있는 자신감을 심어줄 수 있고 한국에 대해 더 잘 이해할 수 있게 해주는 계기가 되는 주제입니다. 학습자들이 자신들이 배운 한국어를 현실에 적용하면서 여행정보 찾기, 여행지 찾아가기, 교통편 이용하기 등 한국의 문화를 체험할 수 있는 다양한 활동을 계획하면 학습자들이 재미있게 활동을 수행할 수 있습니다.

번호	활동 이름	내용	수행 형식	적용 영역
1	우리나라에 놀러 오세요	학습자들이 자신의 나라에서 유명한 관광지 한 곳을 선정해서 소개한다.	개별활동 전체활동	쓰고 말하기
2	여행지 베스트 10	설문조사를 통해 사람들이 좋아하는 여행지 10곳을선정한다.	짝활동	말하기
3	세계의 10대 관광지	세계적으로 잘 알려진 장소에 관한 구체적인 정보를 찾아서 소개한다.	개별활동 전체활동	쓰고 말하기
4	여행지에서 생긴 일	여행지에서 일어날 수 있는 일을 상상해서 쓴다.	개별활동 모둠활동	말하고 쓰기
5	여행 상품 개발	사람들의 관심을 끌 수 있는 참신한 여행상품을 개발해서 소개한다.	모둠활동	말하고 쓰기
6	관광안내원 되기	학습자가 직접 관광가이드가 되어 관광객들에게 여행일정과 관광지를 소개한다.	개별활동 전체활동	쓰고 말하기
7	여행에 꼭 필요한 물건은?	여행을 갈 때 꼭 가져가야할 물품을 토의를 통해 결정한다.	모둠활동 전체활동	말하기
8	세계 여행 가이드북	세계의 유명 관광지를 소개하는 글을 모아 세계여행 가이드북을 만든다.	개별활동 전체활동	복합

9	여행 계획 세우기	친구들과 같이 여행장소, 일정, 경비 등 여행계획을 세운다.	모둠활동	말하고 쓰기
10	여행 상품 사고 팔기	여행 상품을 사고 파는 상황을 설정해서 역할극을 한다.	모둠활동 전체활동	복합

활동1. 우리나라에 놀러 오세요

01   개요

〈우리나라에 놀러 오세요〉는 학습자들이 자기 나라의 관광지 한 곳을 선택해서 친구들에게 한국어로 소개하는 과제활동입니다. 이 활동은 여행과 관련된 교실 내 수업이 이루어진 후에 실시하는 데 먼저 자신이 소개하고자 하는 관광지를 선정한 후에 그곳에 대해 조사하고 내용을 정리해 와서 발표하는 순서로 이루어집니다. 만약 같은 나라에서 온 학습자가 여러 명인 경우에는 교사가 서로 다른 관광지를 선정하도록 조율을 해 줍니다. 학습자에게 주어지는 과제는 A4 한 장이나 두 장 분량으로 관광지를 소개하는 글을 쓰는 것입니다. 교사는 학습자들이 관광지 정보를 찾을 때 참고할 수 있도록 '관광지의 특징, 볼거리, 먹거리, 위치, 가는 방법, 입장료 등등'의 과제 수행의 가이드라인을 제시하고 학습자들이 자신이 소개할 관광지의 특징적이고 다양한 내용을 찾아서 실질적인 정보로 내용을 구성하게 합니다. 쓰기 과제는 교실 외 활동으로 주어지며 준비해온 과제를 교실에서 발표하도록 합니다.

02   활동 안내

- 준비물 : 활동지(2장-내용 한 장, 사진 한 장)
- 활동 영역 : 쓰기 말하기
- 활동 유형 : 개별활동, 전체활동
- 활동 시간 : 30분
- 활동상 유의점 : 이 과제를 수행하기 전에 학습자가 미리 자신이 소개할 관광지에 대해 생각해 오게 합니다.

03   활동 순서

① 교사가 과제의 성격과 학습자들이 할 일을 설명한다.

② 학습자들은 자신이 소개할 관광지를 하나씩 정한다.

③ 교사는 관광지가 겹치지 않도록 조정하고 목록을 작성한다.

④ 과제수행시 포함되어야 할 내용이 들어있는 활동지를 나눠준다.

⑤ 학습자들은 활동지 내용을 참고하여 각자 자신의 관광지에 대해 조사한다.(교실 밖)

⑥ 조사한 내용을 글로 쓰고 관광지 사진을 구해서 붙인다.(교실 밖)

⑦ 완성한 쓰기를 제출한다.

⑧ 교사는 학습자의 쓰기 내용을 정정해서 돌려 준다.

⑨ 학습자는 오류를 수정해서 과제를 완성한다.

⑩ 전체활동으로 자신이 조사한 관광지에 대해 발표한다.

⑪ 발표가 끝난 뒤 학습자들은 질의응답 시간을 갖는다.

⑫ 교사는 발표된 관광지 가운데 가장 가고 싶은 관광지를 다수결로 뽑아 '오늘의 관광지'로 선정한다.

⑬ 과제활동이 끝난 뒤 결과물을 제출한다.

⑭ 교사는 학습자들이 만든 관광지소개 결과물을 게시판에 전시한다.

우리나라에 놀러오세요 활동지에 들어갈 내용

1. 관광지 이름
2. 지역/ 위치
3. 역사
4. 특징
5. 입장료
6. 가는 방법
7. 먹을거리
8. 볼거리
9. 숙소 정보
10. 특산물

활동2. 여행지 베스트 10

01 개요

　〈여행지 베스트 10〉은 사람들이 어떤 여행지를 좋아하는지 알아보기 위해 직접 일반 사람들을 대상으로 설문조사를 해서 '여행지 베스트 10'을 뽑는 과제활동입니다. 이 활동은 학습자들이 과제 수행을 위해 교실 밖에서 직접 한국인과 의사소통할 기회를 제공함으로써 학습자들이 교실에서 배운 여행관련 표현들을 실제로 사용하는 능력을 길러주는 데 그 목적이 있습니다. 이 과제를 수행하기 위해서는 먼저 여행지 목록을 만들어야 합니다. 여행지 목록은 '한국 여행지'와 '세계 여행지'로 나누어 만든 후 수업 목적에 따라 선택적으로 사용할 수 있습니다. 여행지 목록은 먼저 학습자들이 알고 있거나 조사해온 여행지를 모두 열거한 후에 일차 투표를 통해 12~15개 정도의 여행지를 걸러냅니다(이 과정을 생략하기 위해서는 교사가 미리 여행지를 찾아올 수도 있습니다). 그 다음 학습자들에게 2인 일조가 되어 설문조사를 하게 한 후 전체활동으로 그 결과를 취합하여 '여행지 베스트 10'을 선정합니다. 한 팀당 설문조사는 10명 정도로 정해줍니다. 설문조사가 성공적으로 이루어지기 위해서 교사는 설문내용, 설문장소에 대한 사전계획을 꼼꼼하게 세운 후 학습자가 이를 수행하도록 해야 합니다.

02 활동 안내

- 준비물 : 설문지
- 활동 영역 : 말하기
- 활동 유형 : 짝활동, 전체활동
- 활동 시간 : 자유
- 활동상 유의점 : 설문대상은 연령대, 성별 등으로 나눠서 조사하게 합니다. 예를 들어, 10대, 20대, 30대, 40대, 50대 남녀 등.

활동 순서

① 과제 전 활동으로 학습자들과 함께 여행지 목록을 만든다.

② 교사는 여행지 목록을 정리해서 설문지를 만든다.

③ 학습자 2인 1조로 과제를 수행할 짝을 정한다.

④ 조별로 설문할 대상과 장소를 정한다.

⑤ 준비한 설문지를 학습자들에게 나눠준다.

⑥ 학습자들은 조별로 교실 밖 활동으로 설문조사를 실시한다.

⑦ 조별로 설문조사한 내용을 교실에서 발표하고 교사는 결과를 칠판에 적는다.

⑧ 전체 결과를 취합해서 여행지 베스트 10을 결정한다.

설문지 예시

질문 : 다음 도시 중에서 제일 여행 가고 싶은 곳은 어디입니까?									
여행지 이름	A	B	C	D	E	F	G	H	I
파리	4								
하노이	2								
푸껫	1								
홋카이도	3								
⋮	⋮								

O4 **확장 활동**

설문조사 결과를 바탕으로 베스트 여행지로 뽑힌 10대 관광지에 대해 상세 정보를 조사하는 활동을 실시할 수 있다.

활동3. 세계의 10대 관광지

01 개요

　〈세계의 10대 관광지〉는 세계적으로 유명한 관광지를 선정해서 학습자들이 각각 맡은 장소에 대한 정보를 조사해서 관광 홍보 글을 쓰는 과제활동입니다. 이 과제는 자국 관광지 소개 외에 세계 각 지역을 대상으로 '세계 10대 관광지'(선정 장소 수는 학습자 수에 맞게 조정)를 선정해서 이에 대해 조사하고 자료를 바탕으로 학습자들이 자신의 한국어 수준에 맞게 재구성하게 하는 데 목적이 있습니다. '세계 10대 관광지'를 선정하는 작업은 '여행지 베스트 10' 과제를 먼저 수행한 경우 그 결과를 활용할 수 있습니다. 과제의 내용은 해당 관광지의 위치, 역사적 배경, 관광지로서의 특징, 볼거리, 먹거리 등인데 교사가 학습자들이 수행해야 할 내용에 대해 미리 목록을 작성해 주면 학습자들이 정보를 찾는 데 도움이 됩니다. 학습자들은 먼저 자신의 언어로 정보를 찾은 후에 그것을 한국어로 바꾸는 작업을 하게 됩니다. 과제가 완성되면 그 내용을 교실에서 발표하고, 최종적으로 가장 가고 싶은 여행지에 대한 투표를 합니다. 학습자는 친구들의 발표내용을 듣고 '최고의 관광지'를 선택합니다. '최고의 관광지'로 선정된 학습자에게는 소정의 상품 또는 상장을 수여한다고 미리 공지하면 과제 수행이 더욱 적극적으로 이루어질 수 있습니다.

02 활동 안내

- 준비물 : 활동지
- 활동 영역 : 쓰고 말하기
- 활동 유형 : 개별활동, 전체활동
- 활동 시간 : 50분
- 활동상 유의점 : 활동지의 내용을 참고로 하여 각자 나름대로 여행지를 소개하는 글을 사진이나 그림을 포함해서 개성 있게 만들어 오도록 합니다.

① 세계적으로 유명한 관광지를 추천 받는다.

② 과제로 수행할 세계 10대 관광지를 정한다.(학습자투표나 일반 설문조사)

③ 학습자별로 각자 조사할 장소를 결정한다.

④ 교사는 과제 수행시 꼭 포함되어야할 사항을 알려주고 활동지를 나눠준다.

⑤ 학습자는 개별적으로 자신이 맡은 장소에 대해 조사하고 활동지에 기록한다.(교실 밖)

⑥ 조사한 내용을 바탕으로 관광지를 소개하는 글을 쓴다.

⑦ 과제 결과물을 돌아가면서 발표한다.

⑧ 발표가 끝난 후에 투표로 '최고의 관광지'를 선정한다.

⑨ 교사는 '최고의 관광지' 상장을 수여한다.

⑩ 교사는 학습자들의 과제결과물을 받아서 게시판에 전시하고 학습자들이 작품을 감상할 수 있게 한다.

세계의 10대 관광지 소개에 들어갈 내용

1. 관광지 이름
2. 위치(나라, 도시)
3. 유명한 이유
4. 역사적 배경
5. 가는 방법
6. 입장료
7. 볼거리
8. 먹을거리
9. 준비물

04　확장 활동

학습자들의 과제결과물을 모두 모아서 〈세계 10대 관광지〉라는 관광지 안내책자를 만들 수 있다.

활동4. 여행지에서 생긴 일

01 개요

〈여행지에서 생긴 일〉은 여행지에서 일어날 수 있는 일을 상상해서 쓰거나 말하도록 하는 과제활동입니다. 이 활동은 여행과 관련된 다양한 상황을 한국어로 표현하도록 하는 데 목적이 있습니다. 과제활동을 적극적으로 유도하기 위해서는 특정 상황을 설정해서 학습자에게 제시한 후 그 뒤의 상황을 상상해서 글로 쓰거나 말로 하도록 합니다. 학습자의 상상력을 자극하기 위해 먼저 교사가 재미있는, 혹은 기발하고 황당한 상황을 만들어서 학습자들에게 들려줍니다. 그리고 모둠활동에서 각자 그 다음에 일어날 일을 자유롭게 말해보도록 합니다. 이때 학습자는 자신의 생각 이외에도 다른 친구들의 이야기를 들으면서 모티브를 얻을 수 있습니다. 같이 말하는 시간이 끝난 후에 주어진 이야기의 뒤를 이어서 이야기를 끝까지 써내도록 합니다.

02 활동 안내

- 준비물 : 활동지(이야기의 앞부분 제시)
- 활동 영역 : 말하고 쓰기
- 활동 유형 : 모둠활동, 개별활동
- 활동 시간 : 40분
- 활동상 유의점 : 이 과제의 자유로운 말하기는 수업시간에 실시하고, 쓰기는 교실 밖 과제로 제시해서 학습자가 시간에 구애받지 않고 좀 더 완성도가 높은 이야기를 써 오도록 하는 것이 좋습니다. 대신 쓰기의 분량은 일정하게 지정해 줍니다.

03 활동 순서

① 교사는 이야기의 전반부를 만든다.(여행지에서 일어날 수 있는 다양한 상황들 예를 들어, 외국의 여행지에 도착했더니 지갑이 없어졌다 등.)

② 학습자 3~5명을 한 조로 하는 팀을 구성한다.

③ 교사가 이야기의 앞부분을 들려준다.

④ 팀별로 이야기의 후반부에 일어날 수 있는 일에 대해 서로 자유롭게 상상해서 이야기하게 한다.

⑤ 활동지를 나눠준다.

⑥ 이야기 후반부를 상상해서 활동지에 글로 써오도록 한다.

⑦ 교사는 학습자들의 과제 결과물을 받아서 점검하고 오류를 체크한다.

⑧ 학습자별로 과제 결과물을 보면서 오류에 대한 피드백을 실시한다.(피드백은 가능하면 수업 시간에 실시하고 고쳐쓰기는 교실 밖 과제로 제시한다.)

⑨ 학습자들이 오류를 수정하여 결과물을 다시 제출한다.

⑩ 교사는 최종 결과물을 점검한 후 돌려준다.

Tip

피드백을 수업 시간에 실시하는 이유는 많은 학습자들에게 동일하게 나타나거나 강조할 필요가 있는 오류는 전체적으로 설명을 해 줄 수 있기 때문이다.

---

04 확장 활동

완성한 이야기를 말하기 발표로 확장할 수 있다. 또는 평가 시험에서 말하기 문제로 사용할 수 있다.

활동5. 여행 상품 개발

01 개요

　〈여행 상품 개발〉은 학습자들이 여행상품을 직접 개발해서 상품 홍보전단지를 만드는 과제 활동입니다. 학습자들이 여행상품 안내에 사용되는 한국어 표현들을 이해하고 사용할 수 있도록 하는 데 목적을 둔 활동으로 기존의 상품광고를 참조해서 창의적이고 이색적인 상품을 만들어보도록 유도합니다. 과제 수행 전에 시중에 나와 있는 여행상품 전단지를 활용하여 미리 수업을 한 후에 과제를 수행하게 합니다. 전단지를 보며 여행상품을 광고할 때 꼭 들어가야 할 내용들에 대한 표현을 익히고 소비자의 입장에서 어떤 여행상품을 원할지 생각해 보게 합니다. 이 활동을 위해서는 3~4명 정도로 팀을 구성된 여행사를 설립하게 하고 자신들의 여행사가 추구하는 여행상품을 개발하게 합니다. 팀별 토의를 통해 여행상품 개발이 완성되면 홍보용 전단지를 만듭니다. 여행상품 개발 과제활동이 끝나면 팀별 대표가 나와서 전단지와 함께 개발한 상품에 대해 소개합니다. 청중들은 모든 상품에 대한 소개를 들은 후 가장 좋다고 생각되는 여행상품을 '우수여행상품'으로 선정합니다.

02 활동 안내

- 준비물 : 여행 전단지, 활동지
- 활동 영역 : 말하고 쓰기
- 활동 유형 : 모둠활동, 전체활동
- 활동 시간 : 50분(30분+20분)
- 활동상 유의점 : 현실적 여건에 얽매이지 않고 기발하고 특이한 여행상품을 만들 수 있도록 유도합니다.

① 교사가 과제의 내용에 대해 설명한다.

② 학습자 4~5명으로 팀을 구성한다.

③ 각 팀은 여행사를 차리고 여행사 이름을 정한다.

④ 팀 회의를 통해 특색있는 여행상품을 만든다.

⑤ 여행상품을 소개하는 홍보지를 만든다.

⑥ 모둠활동이 끝나면 각 팀의 대표가 나와서 여행상품에 대해 소개한다.

⑦ 각 팀의 상품소개를 듣고 가장 가고 싶은 여행상품을 〈우수여행상품〉으로 선정한다.

Tip l 여행상품 포함 내용

1. 여행사 이름
2. 여행상품 명칭
3. 여행지
4. 여행세부일정
5. 여행 기간
6. 교통수단
7. 숙소
8. 여행 경비
9. 경비에 포함되는 내용
10. 포함되지 않는 내용

O4 확장 활동

각 팀별로 여행상품을 만든 후에 여행상품 사고팔기 역할극을 할 수 있다. 학습자를 여행사 직원과 손님으로 나눠서 손님들은 몇 군데 여행사를 돌아다니면서 상품 안내를 받고 자신의 마음에 드는 상품을 고르는 활동이다.

활동6. 관광안내원 되기

01   개요

〈관광안내원 되기〉는 학습자가 관광 가이드가 되어 한국어로 관광지를 안내하는 역할극 활동입니다. 이 활동은 학습자가 이미 과제활동으로 수행한 '자국 관광지 소개하기'나 '세계의 명소 소개하기'의 내용을 가지고 직접 관광안내원이 되어 여행객들에게 안내하게 함으로써 내용을 자연스럽게 전달하는 한국어 구어체를 익히게 하는데 목적이 있습니다. 활동을 시작하기 전에 관광가이드의 임무와 역할, 태도, 말투 등에 대해 충분히 토의를 한 후에 활동을 시작합니다. 활동을 위해 학습자는 자신이 맡은 관광지에 대한 내용을 완전히 이해하고 외워서 말할 수 있도록 준비해야 합니다. 여행객으로 가장한 학습자들은 가이드의 안내를 듣고 여러 가지 질문을 할 수 있으며 가이드 역할을 하는 학습자는 이러한 질문에 유연하게 대답할 수 있어야 합니다.

02   활동 안내

- 준비물 : 활동지
- 활동 영역 : 쓰고 말하기
- 활동 유형 : 개별활동, 전체활동
- 활동 시간 : 40분
- 활동상 유의점 : 교사는 학습자가 안내할 여행지가 겹치지 않도록 조정합니다.

03   활동 순서

① 학습자 1명당 소개할 여행지 한 곳씩 정하고 정보를 찾아오게 한다.
② 교사는 관광가이드의 역할에 대해 설명하고 활동지를 나눠준다.
③ 학습자들은 활동지에 소개할 여행지 정보와 관광 일정에 대해 쓴다.
④ 교사는 학습자가 쓴 내용을 점검하고 오류를 수정한다.

⑤ 학습자는 오류를 수정하여 다시 고쳐쓰기를 한다.

⑥ 활동지에 쓴 내용을 자연스럽게 말할 수 있도록 짝활동으로 연습한다.

⑦ 한 명씩 앞으로 나와서 관광안내를 한다.

⑧ 각각 발표가 끝날 때마다 청중의 질문을 받고 대답한다.

⑨ 과제활동이 모두 끝난 뒤, 가장 자연스럽게 안내를 잘 한 사람을 뽑아서 〈오늘의 모범 가이드〉 상을 수여한다.

관광안내원 활동지 예시

안내 목록	내용
여행 일정	호텔 로비 → 첫 번째 여행지 → 식당(점심) → 두 번째 여행지 08:30 10:00-12:00 12:30-14:00 15:00-17:00
이동 방법	관광버스
출발 시간	09:00
여행지 소개	(1) 첫 번째 여행지 안내(경주) (2) 두 번째 여행지 안내(안동)
기타	식당 소개, 전체 일정 소개, 여행지 정보 소개, 환전, 쇼핑 안내

안녕하십니까?

저는 이번여행에서 안내를 맡은 _____입니다.

여행 순서를 소개하겠습니다. 오늘 우리는 한국의 경주와 안동을 여행하겠습니다.

아침 8시 30분에 호텔로비에 오세요.

:
:

활동7. 여행에 꼭 필요한 물건은?

---

01 개요

〈여행에 꼭 필요한 물건은?〉은 학습자들이 토의를 통해서 여행에 가져가야 할 꼭 필요한 물건을 정하는 말하기 과제활동입니다. 이 과제의 목적은 자신의 의견을 관철하기 위해 합리적인 이유를 들어 한국어로 다른 사람을 설득할 수 있도록 하는 것입니다. 이 과제는 2단계의 수행 과정을 거치는데 1차는 팀별 토론을 통해 여행에 꼭 필요한 물건 5가지를 선정합니다. 그리고 2차로 전체활동에서 각자 팀대표가 나와서 팀별로 선정한 5가지 물건이 여행에서 꼭 필요한 것임을 주장합니다. 팀별 발표가 끝나면 교사는 각팀에게 자신들의 물건 목록을 다른 팀과 교환할 수 있는 기회를 줍니다. 또는 자신들의 물건 중 하나를 버리고 다른 팀이 정한 물건 가운데 하나를 선택할 기회를 줍니다. 팀은 자신들의 물건을 버리거나 교환하고자 하는 이유를 설명해야 합니다. 과제 수행을 원활하고 의미 있는 활동이 되기 위해서는 돈으로 쉽게 물건을 사고팔수 없는 '오지여행'이라는 단서가 붙는 것이 좋습니다. 왜냐하면 '돈'으로 해결 안 되는 지역으로 여행을 간다는 가정이 있어야 보다 다양한 아이디어가 나올 수 있기 때문입니다. (보통 여행에 꼭 필요한 것이 무엇이냐는 질문에 '돈'이라는 대답이 많이 나옵니다)

---

02 활동 안내

- 준비물 : 활동지(물건 목록표)
- 활동 영역 : 말하기
- 활동 유형 : 모둠활동, 전체활동
- 활동 시간 : 30분
- 활동상 유의점 : 결정한 물건을 교환하는 회수를 1회로 한정합니다.

① 교사는 과제의 취지를 설명한다.

② 학습자 3~4명으로 팀을 구성하고 활동지를 나눠준다.

③ 팀별로 여행 시 꼭 가져갈 물건을 결정하는 토의를 한다.

④ 팀에서 결정한 물건 5가지와 그 이유를 활동지에 쓴다.

⑤ 팀활동이 끝나면 각 팀대표가 나와서 자신들이 정한 물건과 이유에 대해 설명한다.

⑥ 팀별 발표가 끝난 뒤, 다시 모둠활동으로 팀회의를 한다.

⑦ 2차 팀회의에서 자신들의 물건 중 교환하고 싶은 물건을 정한다.

⑧ 교환할 물건은 상대팀과 협상을 한다. (협상이 잘 되면 맞교환한다.)

⑨ 최종적으로 팀별로 정한 물건목록을 칠판에 적는다.

⑩ 전체 투표로 가장 유용한 물건팀을 선정한다.

물건 정하기 활동지 예시

	물건	이유
1	나침반	방향을 알 수 있어요.
2		
3		
4		
5		

활동8. 세계 여행 가이드북

01 개요

〈세계 여행 가이드북〉은 세계의 유명 관광지에 대한 정보를 모아서 여행 가이드북을 만드는 작품 만들기 과제활동입니다. '세계의 10대 관광지 소개하기' 과제를 수행한 후에 이어서 활동하면 효과가 큰 활동입니다. 이 활동을 통해 학습자들은 한국어를 형식에 맞게 긴 문장이나 짧은 단어 등으로 다양하게 표현하는 방법들을 익히게 됩니다. 이 과제는 학습자 개개인이 각자 맡은 여행지에 대한 정보를 형식에 맞게 작성한 다음 그 내용을 모두 모아서 한권의 책으로 묶음으로써 과제가 완성됩니다. 따라서 각 여행지 정보에는 기본적으로 들어가야 할 내용이 동일해야 하므로 여행지 정보를 작성하기 전에 전체 토의를 통해 책자에 들어갈 내용을 결정해야 합니다. 기본적인 내용이 정해지면 나머지 편집 부분은 학습자의 재량에 따라 사진이나 그림 등을 삽입하고 예쁘게 꾸며서 책자 안의 여행지가 각기 다른 특색을 지닌 가이드북으로 만듭니다.

02 활동 안내

- 준비물 : 활동지(정보수집용), 용지, 색연필
- 활동 영역 : 복합(문제해결)
- 활동 유형 : 개별활동, 전체활동
- 활동 시간 : 30분
- 활동상 유의점 : 안내책자에 기본적으로 들어갈 내용은 학습자와 의논해서 통일합니다.

03 활동 순서

① 교사가 과제의 성격과 내용을 소개한다.
② 전체회의를 통해 여행 책자에 들어갈 내용을 결정한다.

③ 여행책자에 넣을 여행지를 선정한다.(학습자수만큼)

④ 학습자 1명당 여행지 한 곳을 정한다.

⑤ 교사는 정보수집용와 책자를 만들 용지를 나눠준다.

⑥ 학습자는 각각 맡은 여행지의 정보와 사진 등의 자료를 찾아온다.(교실 밖)

⑦ 활동지에 여행지 관련 정보를 입력한다.

⑧ 활동지의 정보를 참고로 용지에 여행지 안내서를 꾸민다.

⑨ 학습자들이 만든 여행지 안내서를 받아 책자로 묶는다.

Tip ǀ 안내책자에 들어갈 내용
1. 여행지 이름
2. 위치(나라, 도시)
3. 가는 방법
4. 유명한 이유
5. 볼거리
6. 관광지의 역사
7. 관광지 사진

활동9. 여행 계획 세우기

01 개요

〈여행 계획 세우기〉는 학습자들이 실제로 여행을 간다고 가정하고 팀별로 이에 대한 구체적 계획을 세우게 하는 토의 과제활동입니다. 다른 학습자와의 토의를 통해 여행과 관련한 표현들을 한국어로 말하고 이해하도록 하는 데 목적이 있는 활동입니다. 각 팀은 주말이나 방학 등을 이용해서 같이 여행을 하기로 하고 함께 여행하는 데 필요한 준비와 정보를 위해 구체적으로 의논을 합니다. 예를 들어, 언제, 어디로, 어떻게 가며, 잠은 어디서 잘 것인지, 비용은 얼마나 준비할 것인지 등등입니다. 원활한 활동을 위해 필요한 경우 토의를 하는 자리에서 전화나 인터넷 등을 이용해서 정보를 찾아볼 수 있게 하고 학습자의 요청이 있을 경우 교사가 방법을 제시하기도 합니다. 다만 교사는 직접적으로 내용에 관여하거나 정보를 제공해서는 안 되며 학습자가 스스로 정보를 찾도록 해야 합니다. 학습자가 스스로 정보를 찾기 위해서는 시간도 많이 걸리고 시행착오도 겪게 되지만 그런 과정을 통해 자연스럽게 한국어를 사용하는 능력이 향상될 수 있기 때문입니다. 팀별 활동이 끝나면 전체활동에서 각 팀별로 여행 계획을 발표합니다.

02 활동 안내

• 준비물 : 활동지
• 활동 영역 : 말하고 쓰기
• 활동 유형 : 모둠활동
• 활동 시간 : 40분
• 활동상 유의점 : 여행지는 국내로 한정해서 실제 가능한 여행이 되도록 계획하게 합니다. 활동을 원활하게 하기 위해서 미리 여행 기간(1박 2일, 2박 3일...)을 정해줍니다. 교사는 고속터미널 전화번호 등 학습자들이 정보를 찾을 수 있는 곳을 미리 조사해서 제공하면 활동이 한결 매끄럽게 진행됩니다.

① 학습자 4~5명으로 팀을 구성한다.

② 교사는 활동지를 나눠주고 해야 할 일을 설명한다.

③ 모둠활동으로 팀별 여행지(국내외)를 정한다.

④ 팀원의 역할을 나누어 여행지 관련 정보를 수집한다. (휴대전화 이용)

⑤ 팀별로 수집한 정보를 바탕으로 여행 일정과 준비에 대해 논의한다.

⑥ 논의된 사항을 중심으로 여행계획을 활동지에 쓴다.

⑦ 팀의 여행계획이 끝나면 전체활동에서 각 팀별 여행계획을 발표한다.

⑧ 다른 팀의 계획을 듣고 질의응답한다.

⑨ 교사는 팀의 발표를 듣고 의문사항이나 정보가 부족한 부분에 대해 질문하고 이를 보충하도록 한다.

Tip ┃ 여행 계획 세우기 포함 내용

1. 여행지
2. 기간
3. 같이 가는 사람
4. 교통
5. 숙소
6. 경비
7. 준비물

---

04 확장 활동

팀별 여행계획 가운데 학습자들의 관심도가 높은 계획을 뽑아서 실제로 같이 여행을 가는 교실 밖 활동으로 이어갈 수 있다.

활동10. 여행상품 사고 팔기

01   개요

　〈여행상품 사고 팔기〉는 여행사에서 제공하는 상품을 보고 자신에게 맞는 상품을 예약하는 과정을 역할극으로 수행하는 과제활동입니다. 이 활동은 학습자가 여행상품 예약에 필요한 한국어 표현들을 모의상황을 통해 실현해 보게 하는 데 목적이 있습니다. 과제를 수행하기 위해서는 여행사의 직원으로 상품을 준비하는 역할과 손님이 되어 여행 정보를 문의하는 역할이 필요합니다. 먼저 학습자별로 소개하고 싶은 여행지와 그에 맞는 상품을 준비합니다. 그리고 전체 학습자를 반으로 나누어 여행사 직원과 손님으로 배정합니다. 여행사 직원 역할을 하는 학습자는 자신이 만든 상품을 소개하고 판매하는 역할을 맡고, 손님 역할을 맡은 학습자는 여행사를 돌아다니며 상품에 대해 설명을 듣고 질문하고 사고 싶은 상품을 하나 선택합니다. 그리고 두 역할을 바꾸어서 수행합니다. 상품을 파는 사람은 수에 제한 없이 팔 수 있지만 손님은 하나의 상품만 살 수 있습니다. 결과적으로 가장 많은 손님에게 팔린 상품이 최고의 여행상품이 되는 것입니다. 이 과제는 '여행상품 개발하기' 과제가 끝난 후에 하면 더욱 효과적입니다. 팀별로 미리 만들어놓은 여행상품을 이용해서 역할극을 할 수 있습니다.

02   활동 안내

• 준비물 : 여행상품 안내문
• 활동 영역 : 복합(문제해결)
• 활동 유형 : 모둠활동, 전체활동
• 활동 시간 : 50분(30분+20분)
• 활동상 유의점 : 여행상품을 만드는 활동은 이전 활동에서 실시한 것을 활용하는 것이 좋습니다. 상품 개발하기와 역할극 수행하기를 한꺼번에 실시하면 시간이 많이 걸릴 수 있습니다.

① 학습자들이 소개하고 싶은 여행지를 정한다.

② 각각 여행지에 대한 여행상품을 하나씩 만들고 금액을 정한다.

③ 교사는 학급 구성원을 A, B 두그룹으로 나눈다.

④ 교사는 여행상품 사고팔기 과제에 대해 설명한다.

⑤ 학습자 개인당 10만원씩 가짜돈을 나눠준다.

⑥ 1차로 A그룹은 여행사, B그룹은 손님역할을 맡는다.

⑦ A그룹은 테이블을 정리해서 일렬로 앉는다.

⑧ B그룹의 학습자들은 개별적으로 A그룹에 가서 여행상품에 대한 설명을 듣고 마음에 드는 상품을 예약한다.

⑨ 2차로 A와 B그룹이 역할을 바꿔서 다시 활동한다.

⑩ 활동이 끝나면 가장 많이 팔린 여행상품을 '오늘의 여행상품'으로 선정한다.

음식과 요리

'음식과 요리'는 표현의 복잡한 정도에 따라 초급뿐만 아니라 중급과 고급에서도 사용될 수 있는 폭넓은 주제입니다. 초급에서는 한국음식을 소재로 하여 학습자들이 한국음식에 대한 정보를 얻고 맛을 표현하는 어휘들을 익혀서 사용하도록 하는데 그 목적이 있습니다. 이 주제를 통해 한국음식의 종류와 맛에 대해 알고 식당에 가서 음식을 주문할 때 사용하는 표현들을 배워 현실에 바로 적용할 수 있습니다. 음식과 요리에 효과적으로 사용할 수 있는 과제 유형으로는 좋아하는 음식이나 자국의 유명한 음식 이름과 재료, 맛, 요리법에 대해 소개하는 활동, 한국의 음식에 대한 정보를 찾아보고 인근 식당의 음식 종류와 잘 팔리는 음식 등에 대해 조사하고 식당에서 음식을 주문하는 내용의 상황을 역할극으로 수행하거나 직접 식당에 가서 음식을 시키는 활동 등을 활용할 수 있습니다.

번호	활동 이름	내용	수행 형식	적용 영역
1	내가 좋아하는 음식	좋아하는 음식과 이유에 대해 친구들과 이야기한다.	모둠활동	말하기
2	우리나라 대표 음식	학습자가 자신의 나라에서 유명한 대표적 음식에 대해 소개한다.	개별활동 전체활동	쓰고 말하기
3	세계의 건강 음식	세계적으로 널리 알려진 건강 음식의 맛과 유래 등을 소개한다.	개별활동 전체활동	쓰고 말하기
4	국제 음식책 만들기	나라별로 가장 유명한 음식들에 대한 정보를 모아서 책자로 만든다.	모둠활동 전체활동	복합
5	한국음식 베스트 5	한국인과 외국인을 대상으로 좋아하는 한국음식을 조사해서 베스트 5를 정한다.	짝활동 전체활동	말하기
6	한국음식 만들기	학습자가 직접 집에서 한국음식을 만들어 본다 .	개별활동	복합
7	음식 주문하기	식당에서 일어나는 다양한 상황을 역할극으로 만든다.	모둠활동 전체활동	복합
8	식당주인 인터뷰	자주 가는 식당의 주인을 인터뷰한다.	개별활동	말하기
9	맛집 기행	살고있는 지역의 맛집을 찾아가서 음식을 사먹고 후기를 작성한다.	개별활동	복합
10	음식 이름 빙고게임	빙고게임으로 한국음식의 이름을 익힌다.	전체활동	쓰고 말하기

활동1. 내가 좋아하는 음식

01 개요

〈내가 좋아하는 음식〉은 학습자들이 모둠으로 모여 자신이 좋아하는 한국음식을 소개하고 왜 그 음식을 좋아하는지 이유를 설명하는 말하기 과제활동입니다. 이 활동을 통해 학습자들은 한국어로 음식 이름 말하기, 맛과 색깔 표현하기 등 음식과 관련한 표현을 내재화하게 됩니다. 활동을 위해서는 4~5명 정도의 그룹을 만들어서 모둠활동으로 과제를 수행하게 합니다. 활동은 학습자는 자신이 좋아하는 음식을 소개하기도 하지만 다른 구성원의 이야기를 잘 듣고 주어진 활동지에 기록을 해야 합니다. 모둠에서 자신을 뺀 다른 구성원들이 좋아하는 음식과 이유를 적은 활동지를 완성해야 과제가 완결됩니다. 음식의 종류는 한국음식으로만 제한하지 않고 학습자가 좋아하는 음식은 뭐든지 소개하도록 범위를 넓혀 둡니다.

02 활동 안내

- 준비물 : 활동지
- 활동 영역 : 말하기
- 활동 유형 : 모둠활동
- 활동 시간 : 25분
- 활동상 유의점 : 한국음식의 이름은 서로 의논해서 정확하게 쓰게 하고 외국 음식 이름은 학습자의 발음대로 쓰도록 합니다.

03 활동 순서

① 교사는 과제의 취지를 설명한다.
② 학습자 3~4명으로 팀을 만든다.
③ 학습자 1명당 활동지를 한 장씩 나눠준다.

④ 팀별로 서로 좋아하는 음식에 대해 이야기한다.

⑤ 학습자들은 팀원의 이야기를 듣고 활동지에 쓴다.

⑥ 서로 질문을 통해 활동지의 내용을 보강한다.

⑦ 완성한 활동지를 제출한다.

활동지 예시

이름	좋아하는 음식	좋아하는 이유
소냐	돌솥비빔밥	색깔이 예뻐요. 매워요.

04 확장 활동

이 활동을 마친 후에는 자신이 좋아하는 음식을 만드는 요리법에 대해 소개하기 활동을 연계할 수 있다.

활동2. 우리나라 대표 음식

01 개요

〈우리나라 대표 음식〉은 학습자들이 각각 자기나라를 대표하는 음식을 소개하는 과제활동입니다. 이 활동은 각 나라의 대표적인 음식을 정해서 그 음식의 맛과 대표 음식인 이유, 요리하는 방법 등을 사진과 함께 간단히 소개하는 것이 목적입니다. 여러 나라의 국적으로 학급이 구성된 경우는 각기 학습자가 자기나라의 가장 대표적인 음식을 소개하면 되고, 한 국적의 학습자가 여러 명 모여 있으면 서로 다른 음식을 정해서 소개하도록 합니다. 학습자는 자신이 맡은 음식을 소개하기 위해 먼저 A4 한 장 분량으로 음식의 이름과 맛, 대표음식인 이유, 음식에 얽힌 일화나 유래 등을 한국어로 써서 소개합니다. 이때 음식 사진을 꼭 같이 첨부하게 합니다. 그 후 반 전체활동에서 자신이 맡은 음식에 대해 발표합니다. 발표가 끝난 뒤 가장 맛있을 것으로 생각되는 음식을 '오늘의 음식'으로 선정합니다.

02 활동 안내

- 준비물 : 활동지(음식 소개지)
- 활동 영역 : 쓰고 말하기
- 활동 유형 : 개별활동, 전체활동
- 활동 시간 : 30분
- 활동상 유의점 : 같은 나라 학습자가 많은 경우는 그 나라 음식들 중 하나씩을 겹치지 않게 선택하게 합니다. 나라별 음식을 선정할 때는 학습자의 추천을 받아서 선정합니다.

03 활동 순서

① 교사는 나라별로 대표적인 음식 이름을 칠판에 열거한다.

② 학습자들은 각자 자신이 소개할 음식을 한 가지 정한다.

③ 학습자 각자 음식과 관련한 자료와 사진을 수집한다.(교실 밖)

④ 수집해온 자료를 참고해서 음식 소개지를 만든다.

⑤ 교사는 학습자가 활동지를 작성하는 동안 교실을 돌아다니면서 오류를 정정한다.

⑥ 쓰기활동 후 학습자들이 돌아가면서 자신이 맡은 음식을 소개한다.

⑦ 발표가 끝난 후 음식 소개지를 받아서 칠판에 붙인다.

⑧ 음식 소개하기가 모두 끝난 후 학습자들이 순서대로 앞으로 나와서 칠판에 붙어 있는 음식 소개지를 둘러보고 제일 먹고 싶은 음식에 체크한다.

⑨ 체크가 모두 끝난 후 체크가 가장 많은 음식을 '오늘의 음식'으로 선정한다.

한국 음식 예시

04 확장 활동

기회가 되면 학습자들이 각자 자신이 소개한 자국의 음식을 직접 만들어 와서 친구들과 같이 나눠먹는 활동을 할 수 있다. 학습자들이 직접 만들어온 여러 나라의 음식을 구경하고 맛도 보는 즐거운 시간으로 약간 산만하고 음식 맛을 보장하기는 힘들지만 아주 활기차고 유쾌한 시간이 된다.

01 개요

　〈세계의 건강 음식〉은 세계적으로 널리 알려진 건강음식을 찾아서 발표하는 과제활동입니다. 이 과제는 세계 여러 나라의 음식들 가운데 특히 건강에 좋은 음식을 찾아 맛과 요리 방법, 그 음식이 건강에 좋은 이유 등을 조사해서 여러 사람들에게 알려주는 데 그 목적이 있습니다. 교사는 학습자의 수만큼 나라를 선정하고 학습자는 각기 자신이 조사할 나라를 하나씩 선택합니다. 단, 학습자 자신의 나라를 선택해서는 안 됩니다. 학습자는 자신이 맡은 나라의 건강 음식을 찾고 이에 대한 정보를 수집합니다. 교사는 학습자가 찾아야 할 정보의 가이드라인으로 '음식이름, 지역, 맛, 재료, 요리방법, 건강한 이유, 사진' 등을 구체적으로 제시합니다. 이 과제는 자료를 수집하고 글로 쓰는 데 시간이 걸릴 수 있으므로 자료수집과 쓰기는 교실 밖 활동으로 수행하며 학습자가 과제를 완성해 온 후 교실에서 발표하는 순서로 진행합니다. 과제 수행이 완료되면 '세계의 10대 건강음식', '세계의 20대 건강음식'과 같은 제목을 붙여 교실 게시판에 전시합니다.

02 활동 안내

- 준비물 : 활동지(부록 참조)
- 활동 영역 : 쓰고 말하기
- 활동 유형 : 개별활동 전체활동
- 활동 시간 : 30분

03 활동 순서

① 교사는 장수로 유명한 나라를 학습자의 인원수만큼 선정한다.

② 교사는 학습자가 수행할 내용을 담은 활동지를 만든다.

③ 교사는 학습자들에게 과제의 성격과 할 일을 설명한다.

④ 학습자들은 나라 목록을 보고 각각 과제를 수행할 나라를 정한다.

⑤ 교사는 조사해야 할 내용이 담긴 활동지를 나눠준다.

⑥ 학습자는 자신이 맡은 나라의 건강음식과 자료를 찾아 활동지를 작성한다.(교실 밖 활동)

⑦ 학습자들이 조사한 건강음식을 순서대로 발표한다.

⑧ 교사는 과제 결과물을 받아서 게시판에 전시한다.

Tip | 활동지에 들어갈 내용

1. 음식사진
2. 음식이름
3. 나라
4. 맛
5. 재료
6. 요리방법
7. 건강음식인 이유

---

04 **확장 활동**

'세계에서 이름이 가장 긴 음식 찾기', '세계에서 요리법이 가장 단순한 음식' 등의 다양한 주제로 음식에 관한 활동을 실시할 수 있다.

활동4. 국제 음식책 만들기

01 개요

　〈국제 음식책 만들기〉는 세계적으로 유명한 음식을 찾아서 국제 음식책으로 만드는 학급 전체의 과제활동입니다. 이 과제는 학습자들이 협력해서 한국어로 된 하나의 작품을 완성해 내는 데 그 목적이 있습니다. 먼저 모둠을 짜서 '아시아의 음식', '유럽의 음식', ' 아메리카의 음식', '아프리카의 음식', '중동의 음식' 등으로 나누어 대륙별 대표음식을 조사하게 합니다. 학습자들은 모둠활동으로 책에 넣을 음식을 선정하는 토의를 합니다. 그 다음 대륙별로 음식에 대해 조사하고 음식 소개서를 만듭니다. 최종적으로 대륙별 음식들을 모아서 전체 국제 음식책을 만듭니다. 음식 소개에 들어갈 내용은 '음식이름, 나라, 맛, 색깔, 특징, 사진' 등이 될 수 있으며 교사는 각 모둠이 조사해야 할 음식의 개수를 한정해 줍니다. 이 과제는 학습자가 다국적으로 구성되어 있으면 '각국의 대표 음식 소개하기' 과제의 후속 활동으로 진행할 수 있습니다. 하지만 특정 국적의 학습자가 모여 있으면 세계의 음식을 국가별로, 또는 대륙별로 좀 더 다양화해서 선정하도록 합니다.

02 활동 안내

- 준비물 : 활동지(부록 참조)
- 활동 영역 : 복합
- 활동 유형 : 모둠활동, 전체활동
- 활동 시간 : 30분
- 활동상 유의점 : 가능하면 여러 나라의 음식이 다양하게 포함될 수 있도록 조정합니다.

① 학습자 3~4명으로 팀을 구성한다.

② 교사는 과제의 내용을 설명하고 활동지를 나눠준다.

③ 각 팀이 과제를 수행할 대륙을 정한다.

④ 팀별로 대륙별 여러 나라의 음식들을 조사한다.

⑤ 대륙별로 소개할 3~5개의 대표 음식을 선정한다.

⑥ 팀원이 역할을 나누어 음식에 대해 조사하고 자료를 수집한다.(교실 밖)

⑦ 조사한 내용과 자료를 이용하여 활동지를 작성한다.

⑧ 팀별 활동이 끝난 후 전체활동으로 각 팀의 음식을 소개한다.

⑨ 팀별 활동지를 모아서 게시판에 대륙별로 전시한다.

⑩ 전시한 활동지를 모아서 하나의 책으로 묶는다.

Tip ı 활동지에 포함될 내용

1. 음식 이름
2. 나라/지역
3. 재료
4. 맛
5. 색깔
6. 음식 사진
7. 요리방법

　과제 진행시의 인원수나 시간 등에 따라 '나라별 음식, 대륙별 음식' 등으로 범위를 조정하여 실시할 수 있다. 책자 만들기 활동이 끝난 후, 각 팀은 자신들이 소개한 음식을 실제 먹을 수 있는 곳을 찾아 소개하는 활동을 한다.

활동5. 한국음식 베스트5

01　개요

〈한국음식 베스트 5〉는 한국 음식 가운데 가장 맛있다고 생각되는 음식이 무엇인지 설문조사를 통해 베스트 5를 선정하는 과제활동입니다. 이 과제를 수행하기 위해서는 직접 일반인들을 대상으로 설문조사를 해야 하므로 학습자들의 언어사용능력을 향상시키는 데 도움이 되는 활동입니다. 과제는 '한국인이 좋아하는 한국음식 베스트 5'와 '외국인이 좋아하는 한국음식 베스트 5'로 나누어 수행할 수 있습니다. 교사와 학습자는 함께 설문내용을 작성하고 이 과제를 실제 상황에 적용하기 전에 먼저 교실에서 설문내용에 대한 충분한 이해와 연습을 거쳐야 합니다. 실제 설문조사는 학습자 개인 혹은 두 명이 짝을 지어서 수행하고 한 팀당 10명의 한국인이나 외국인을 대상으로 인터뷰를 해오도록 인원을 할당합니다. 각 팀별로 조사해온 내용을 분석해서 한국음식 베트스 5를 선정합니다. 과제 후 활동으로 한국인과 외국인이 좋아하는 음식이 같은 지 다른 지를 비교하고 왜 차이가 나는지도 이야기해 봅니다.

02　활동 안내

- 준비물 : 활동지(설문 조사지)
- 활동 영역 : 말하기
- 활동 유형 : 짝활동, 전체활동
- 활동 시간 : 30분+자유
- 활동상 유의점 : 짝활동으로 진행할 때는 팀당 10명, 개별활동으로 진행할 때는 학습자 한 명당 5명 정도로 설문조사를 해 오게 합니다.

03　활동 순서

① 교사는 과제의 성격과 내용을 설명한다.

② 학습자 2명을 한 조로 짝을 정한다.

③ 조별로 질문할 대상(한국인 또는 외국인)을 정한다.

④ 활동지를 나눠주고 질문 내용을 같이 학습한다.

⑤ 활동지의 내용을 짝과 함께 연습한다.

⑥ 팀별로 외부로 나가서 과제활동을 실시한다.(교실 밖 활동)

⑦ 조사한 내용을 교실에서 발표하고 교사는 발표내용을 칠판에 적는다.

⑧ 발표가 끝난 후 내용을 정리해서 음식 순위를 정한다.

⑨ 순위가 높은 음식 5개를 뽑아서 '한국음식 베스트 5'를 선정한다.

설문지 예시 : 외국인이 좋아하는 한국음식

질문내용	대답
이름	
국적	
나이	
성별	
한국 거주 기간	
좋아하는 한국음식	
좋아하는 이유	

04 확장 활동

한국음식 베스트 5가 정해지면 실제로 음식점에 가서 먹어보는 '베스트로 뽑힌 한국음식 체험하기' 활동을 실시할 수 있다.

활동6. 한국음식 만들기

01 개요

〈한국음식 만들기〉는 한국음식을 만드는 방법을 조사해서 발표하는 과제활동입니다. 이 과제의 목적은 학습자들에게 한국음식을 소개하고 음식을 요리하는데 필요한 여러 가지 재료와 요리 방법을 한국어로 익히는 것입니다. 먼저 과제 수행 대상이 되는 한국음식을 학습자 수에 맞게 선정합니다. 학습자는 각자 한 가지씩 한국음식을 선택하여 그 음식의 요리 방법을 조사해서 요리 순서대로 글로 써옵니다. 요리 방법은 인터넷 등에서 쉽게 찾아볼 수 있으므로 꼭 학습자가 직접 손으로 써오도록 합니다. 그리고 각자 집에서 요리 방법대로 한국음식을 만들어서 완성품을 사진으로 찍어 인증하는 것으로 과제를 마무리합니다. 직접 한국음식 만들기는 혼자 만들기도 좋지만 다른 친구와 짝으로 활동하는 것도 허용하면 좀 더 재미있게 만들 수 있습니다.

02 활동 안내

- 준비물 : 활동지
- 활동 영역 : 복합
- 활동 유형 : 개별활동
- 활동 시간 : 30분
- 활동상 유의점 : 요리 방법은 그 순서만 따라하면 요리를 만들 수 있을 정도로 단계별로 자세히 적도록 요구합니다. 과제를 수행하기 전에 요리와 관련된 어휘를 미리 학습합니다.

03 활동 순서

① 교사는 학습자와 함께 과제로 수행할 한국음식을 선정한다.

② 학습자 한 명당 음식 한 가지가 돌아갈 수 있도록 배정한다.

③ 교사는 과제를 설명하고 활동지를 나눠준다.

④ 학습자는 개별활동으로 맡은 음식의 요리법에 대해 조사한다.(교실 밖)

⑤ 조사한 내용을 요리 순서에 따라 활동지에 적는다.(교실 밖)

⑥ 학습자는 자신이 활동지에 쓴 내용에 따라 직접 재료를 준비하고 요리를 한다.(교실 밖)

⑦ 직접 요리하는 과정과 완성된 음식을 사진으로 찍는다.(교실 밖, 최소 5장 이상 등)

⑧ 교실에서 자신이 요리한 음식에 대해 사진을 보여주면서 각자 발표한다.

⑨ 활동지는 요리하는 방법과 요리 소감 등을 적고 최종 완성된 음식 사진을 부착해서 제출한다.

Tip | 활동지에 들어갈 내용

1. 음식 이름
2. 음식 재료 사진
3. 음식 만드는 과정 사진
4. 완성된 음식 사진
5. 요리 과정 설명 글

---

04 확장 활동

직접 한국음식 만들기 후 교실에 가져와서 다 같이 나눠먹는 '한국음식 시식회' 활동으로 이어갈 수 있다.

활동7. 음식 주문하기

01 개요

　〈음식 주문하기〉는 식당에서 음식을 주문할 때 일어날 수 있는 상황들을 역할극을 통해 보여주는 활동입니다. 이 활동은 교실 안 모의 상황을 통해 학습자들이 실제 한국 식당에서 음식을 주문할 때 사용하는 여러 가지 표현들을 익히게 하는 데 목적이 있습니다. 과제를 수행하기 전에 음식을 주문할 때 발생할 수 있는 여러 가지 상황에 대해 먼저 이야기를 하고 팀별로 각각의 상황에 맞는 역할극을 수행하기로 결정합니다. 기본적으로 음식을 주문하는 상황은 동일하지만 음식점의 종류를 '한식, 중식, 일식, 양식, 분식' 등으로 정할 수 있고 '찾는 메뉴가 없는 경우, 주문 메뉴를 바꾸고 싶은 경우, 음식이 잘못 나온 경우' 등 다양한 상황을 설정할 수 있습니다. 팀별로 상황이 결정되면 시나리오를 작성합니다. 시나리오 작성 시에는 팀인원이 전원 참여할 수 있게 상황과 대화를 만들도록 해야 합니다. 시나리오는 교사의 수정을 거쳐 자연스러운 한국어표현으로 정리합니다. 시나리오가 완성되면 팀별로 무대로 나와 역할극을 실시합니다. 단, 시나리오 쓰기와 역할극 수행하기는 시간이 많이 걸리므로 따로 각각의 과제로 제시할 수도 있습니다. 학습상황에 따라 시나리오 쓰기를 빼고 싶은 경우에는 교사가 미리 시나리오를 준비해서 그 내용을 같이 학습한 후에 그 시나리오로 역할극을 하게 할 수도 있습니다.

02 활동 안내

- 준비물 : 활동지(시나리오 용지)
- 활동 영역 : 복합
- 활동 유형 : 모둠활동, 전체활동
- 활동 시간 : 40분
- 활동상 유의점 : 역할극에는 팀원이 모두 역할을 가지고 참여해야 합니다. 그리고 개인당 대
　　　　　　　　화량을 최소 1인 3회 이상 발화 등으로 정해줍니다.

① 교사는 식당의 종류를 칠판에 나열한다.

② 식당에서 일어날 수 있는 일(상황)들과 상황에 맞는 표현들을 익힌다.

③ 학습자 3~4명 정도로 팀을 구성한다.

④ 교사는 2종의 활동지를 나눠준다.

⑤ 팀별로 식당의 종류를 겹치지 않게 선택한다.

⑥ 각팀은 역할극으로 설정할 상황에 대해 의논한다.

⑦ 팀은 상황에 맞게 시나리오를 작성한다.

⑧ 교사는 각 팀을 돌면서 시나리오 내용을 점검하고 오류를 수정해 준다.

⑨ 팀별로 시나리오에 맞춰서 연습하면서 내용을 수정한다.

⑩ 팀별로 교실 앞에 나와서 역할극을 수행한다.

Tip

실제 각 음식점에서 사용하고 있는 메뉴판(한식, 중식, 일식, 양식...)을 미리 준비하여 제시하면 역할극이 좀 더 재미있게 진행될 수 있다.

04　　확장 활동

음식주문하기 역할극 수행 후 실제 식당에 가서 음식을 주문해 먹고 인증사진 찍어오기 과제를 수행하게 한다.

활동8. 식당주인 인터뷰

01　개요

　　〈식당주인 인터뷰〉는 학습자가 자주 이용하는 식당의 주인을 대상으로 인터뷰를 하는 과제활동입니다. 이 활동은 교실에서 배운 한국어를 실제 상황에서 한국인과 대화할 수 있는 기회를 만들기 위한 목적으로 수행합니다. 식당 주인과의 인터뷰를 통해 한국음식과 관련된 표현을 자연스레 사용하고 일반 식당의 메뉴도 익힐 수 있는 과제입니다. 또한 한국인 식당운영자의 입장에서는 외국인학습자와 인터뷰를 하면서 외국인학습자에 대한 이해를 넓힐 수 있습니다. 교사는 학습자가 수행하게 될 인터뷰 내용을 미리 지정해서 인터뷰지를 학습자들에게 나눠줍니다. 학습자는 자신이 평소에 잘 가는 식당을 정해서 그 곳에서 일하는 아주머니나 아저씨를 인터뷰해 옵니다. 인터뷰한 식당의 추천 메뉴는 학습자가 주문해서 먹고 음식 사진과 함께 후기까지 적어옴으로써 과제수행이 완결됩니다.

02　활동 안내

- 준비물 : 활동지(인터뷰지)
- 활동 영역 : 말하기
- 활동 유형 : 개별활동
- 활동 시간 : 자유
- 활동상 유의점 : 인터뷰를 요청할 때 사용하는 표현에 대해 교실에서 미리 연습해 가면 학습자가 당황하지 않고 식당주인에게 인터뷰를 요청할 수 있습니다.

03　활동 순서

① 교사는 과제의 성격을 설명하고 활동지를 나눠준다.

② 활동지에 소개된 질문 내용을 설명하고 인터뷰를 시작할 때의 예의에 대해 소개한다.

③ 학습자들은 옆 친구와 활동지의 질문내용을 연습한다.

④ 학습자들은 각자 자신이 잘 가는 식당에 가서 식당주인과 인터뷰를 실시한다.(교실 밖)

⑤ 인터뷰가 끝난 후 그 식당에서 음식을 주문하고 인증사진을 찍는다.(교실 밖)

⑥ 숙소로 돌아가 인터뷰 후기를 작성한다.(교실 밖)

⑦ 교실에서 각자 인터뷰 소감을 발표한다.

⑧ 인터뷰지를 제출한다.

식당주인 인터뷰 활동지 예시

질문	대답
식당 이름	
식당 종류	
주인 이름	
식당 위치	
식당을 시작한 때	
문 여는 시간	
문 닫는 시간	
추천 메뉴	
제일 비싼 메뉴	
제일 싼 메뉴	
인터뷰한 소감	

Tip

인터뷰를 실시할 때 휴대폰으로 영상을 촬영하거나 대화를 녹음하면서 진행하면 분위기가 더 진지하고 재미있다.

활동9. 맛집 기행

01   개요

　〈맛집 기행〉은 우리 지역에서 맛집으로 소문난 식당에 가서 직접 음식을 먹어보고 그 후기를 작성하는 교실 밖 과제활동입니다. 이 활동은 학습자들이 자신들이 거주하고 있는 지역에서 유명한 음식과 그것을 만드는 식당을 찾아내고 직접 가서 음식을 주문해서 먹어보고 그 식당의 음식이 특별히 맛있는 이유나 비법 등을 찾아보는 과제를 수행하도록 구성이 됩니다. 어느 지역이나 그 지역 특유의 음식과 그 음식을 잘 한다고 소문난 맛집이 있기 마련입니다. 학습자는 살고 있는 지역의 맛집 가운데 하나를 직접 방문해서 음식을 주문해서 먹어보며 주인이나 주방장에게 맛의 비결 등을 물어보는 활동을 수행합니다. 뿐만 아니라 맛집을 다녀온 후에 맛집에서 자신이 주문해서 먹은 음식 사진과 함께 맛집을 다녀온 느낌에 대한 후기를 작성해서 제출합니다. 이 활동이 끝난 뒤에 학습자들이 작성한 후기를 교실에서 발표하는 과제 후 활동을 진행할 수 있습니다. 교사는 학습자들의 후기를 모아 게시판에 전시해서 다른 사람들도 그 후기를 보고 맛집을 방문해 볼 수 있게 합니다.

02   활동 안내

- 준비물 : 활동지(부록 참조)
- 활동 영역 : 복합
- 활동 유형 : 개별활동
- 활동 시간 : 자유
- 활동상 유의점 : 활동 유형은 개별활동이지만 식당을 찾아가서 음식을 시켜먹고 인터뷰를 하는 활동은 학습자의 용기를 필요로 하므로 한국어수준이 서로 다른 학습자를 두세 명씩 팀으로 맛집을 찾아가게 해서 학습자가 자신감을 가질 수 있도록 합니다.

　　활동 순서

① 학습자들은 주변 친구나 선배, 인터넷 등을 통해 살고 있는 지역의 맛집을 찾아온다.

② 교사는 학습자들이 찾아온 맛집을 칠판에 나열한다.

③ 교사는 학습자들이 수행해야 할 과제에 대해 설명한다.

④ 학습자 3~4명으로 팀을 구성하고 활동지를 나눠준다.

⑤ 팀별로 과제를 수행할 맛집을 선택한다.

⑥ 각 팀별로 맡은 맛집을 스스로 찾아간다. (교실 밖)

⑦ 그곳의 이름난 음식을 시키고 인증사진을 찍은 후 시식한다. (교실 밖)

⑧ 맛집의 주인이나 주방장과 인터뷰를 한다. (교실 밖)

⑨ 맛집 방문의 후기를 작성해서 제출한다.

⑩ 팀별 대표가 나와서 맛집 탐방를 통해 느낀 점을 발표한다.

⑪ 교사는 학습자들이 제출한 맛집 후기를 사진과 함께 게시판에 전시한다.

Tip

맛집 기행 과제는 '학교 앞 맛집, 우리 동네 맛집, 우리 도시 맛집, 한국의 맛집...' 등 지역을 정해서 다양하게 제시할 수 있습니다.

활동10. 음식 이름 빙고게임

01　개요

　　〈음식 이름 빙고게임〉은 게임을 통해 한국 음식의 이름을 재미있게 익히는 게임 활동입니다. 학습자들이 과제를 수행하면서 식당에서 찍어온(또는 받아온) 메뉴판의 한국음식들에 대해 소개한 후에 한국음식 이름을 잘 외워서 실제 식당에서 사용할 수 있도록 내재화하는 활동입니다. 외국인 학습자들은 음식 이름을 잘 모르면 어떤 것을 시켜야 할지 몰라서 같은 음식만 주문하거나 간단한 일품요리를 편의점에서 사먹는 경우가 많습니다. 교실에서 음식 이름과 맛, 특징들을 미리 학습하면 실제 식당에서 보다 다양한 한국음식을 주문해 먹을 수 있을 것입니다.

※ 빙고게임 방법 : 부록 참조

02　활동 안내

- 준비물 : 빙고지
- 활동 영역 : 쓰고 말하기
- 활동 유형 : 전체활동
- 활동 시간 : 20분
- 활동상 유의점 : 한국음식을 잘 모르는 학습자도 있을 수 있으므로 빙고게임을 시작하기 전에 준비운동으로 다 같이 '한국음식 이름 대기' 같은 활동을 합니다. 빙고게임은 이름을 얼마나 아는가도 중요하지만 빙고줄을 빨리 맞춰서 '빙고'를 외치는데 초점이 있으므로 단어를 몰라서 빈칸을 만들지 않도록 교사가 배려하면 게임에 모든 학습자가 적극적으로 참여할 수 있습니다.

03　활동 순서

① 교사는 학습자들과 다 같이 한국음식 이름 대기 활동으로 준비 활동을 한다.

② 교사는 학습자들에게 빙고판을 나눠준다.

③ 빙고게임의 규칙을 알려준다.(빙고완성줄 수, '빙고' 외침 등)

④ 학습자들은 정해진 시간 내에 각자 알고 있는 음식 이름을 빙고판에 적는다.

⑤ 시간이 경과하면 교사가 '스톱'을 외친다.

⑥ 순서를 정해서 순서대로 자기가 쓴 한국음식 이름을 하나씩 부른다.

⑦ 학습자들은 다른 학습자가 부른 음식이름이 자기 빙고판에 있으면 그것에 ×표를 한다.

⑧ ×표가 들어간 빙고완성줄이 규칙에 맞으면 '빙고'를 외친다.

⑨ '빙고'를 외친 학습자는 게임에서 빠지고 남은 학습자들은 마지막 학습자가 남을 때까지 계속한다.

⑩ 마지막에 남은 학습자는 벌칙을 받는다.

Tip

한국음식 외우기는 스피드게임으로도 활용할 수 있다. 스피드게임은 음식에 대해 색깔이나 맛, 재료로 설명하는 것을 듣고 음식 이름을 빨리 맞히는 게임이다.

10 전화

'전화'에서는 일상생활에서 필수품이라 할 수 있는 전화에 대한 예절과 사용법을 과제활동으로 익힙니다. 이 주제의 활동에는 자신의 전화번호를 불러주거나 상대방이 부르는 번호를 듣고 기록하는 방법과 전화할 때 지켜야 하는 예의, 전화로 하는 인사말 등의 세부활동이 포함됩니다. 따라서 과제는 전화를 활용한 다양한 상황을 제시하여 학습자들이 얼굴을 마주 보지 않고 귀로 듣는 상대방과의 대화를 통해 한국어에 익숙해지도록 합니다. 과제의 유형은 일상생활에 꼭 필요한 공공기관이나 주변 상가의 전화번호를 알아보고 한국에서 전화하는 방법 등에 대해 알아보는 활동, 처음 만나는 사람들과 서로 전화번호를 주고받는 활동, 전화로 메모를 남기거나 문자를 보내고 들은 내용을 전달하는 활동, 그리고 실제 전화상황을 가정하여 친구와 전화로 약속을 정하거나 음식을 주문하는 등의 문제해결 과제 등이 활용될 수 있습니다.

번호	활동 이름	내용	수행 형식	적용 영역
1	비상연락망 만들기	학급구성원들이 긴급한 상황에서 빨리 연락할 수 있게 비상연락망을 짠다.	전체활동	말하기
2	전화로 메시지 전달하기	비상연락망을 활용해서 전화로 메시지를 전달하고 전달받는다.	전체활동	말하기
3	전화번호 찾기	114에 전화해서 생활에 필요한 장소의 전화번호를 물어본다.	개별활동	말하고 듣기
4	정보 알아내기	공공기관이나 식당 등 생활에 필요한 장소에 전화해서 필요한 정보를 알아낸다.	개별활동	말하고 듣기
5	문자보내기 릴레이	비상연락망으로 문자를 받고 보낸다.	개별활동	쓰기
6	전화로 약속 정하기	교사의 지시에 따라 전화로 약속시간과 장소를 정하고 그곳에서 모인다.	모둠활동	말하기
7	국제전화 싸게 하는 방법	국제전화를 싸게 할 수 있는 방법을 찾아서 소개한다.	모둠활동	말하기
8	문자 회의	학습자가 팀별로 문자로 회의를 진행하고 결정한다.	모둠활동	쓰기
9	여보세요?	생활에서 일어날 수 있는 다양한 전화상황을 역할극으로 만든다.	모둠활동 전체활동	복합
10	음식 주문하기	교실에서 전화로 음식을 주문해서 다 같이 먹는다.	전체활동	복합

활동1. 비상연락망 만들기

01 개요

〈비상연락망 만들기〉는 학습자들 사이에 연락할 대상을 순차적으로 지정하여 비상시에 학급 구성원 모두에게 착오 없이 연락될 수 있는 실제 비상연락망을 만드는 과제활동입니다. 이 과제는 학습자들이 전화와 관련된 내용을 학습하고 난 뒤, 그것을 실제 생활에서 사용할 수 있도록 하기 위한 목적으로 고안된 과제입니다. 학급 내 비상연락망은 교사를 비롯해서 학급 구성원 전원이 비상시에 연락을 받을 수 있도록 하기 위한 것으로 학습자 한 사람당 연락해야 할 사람을 정하고 릴레이식으로 연락망을 구성하는 것입니다. 비상연락망을 통한 연락 내용이 정확하게 전달되는지를 확인하기 위해서 연락망의 처음과 마지막 사람은 교사로 지정해 놓습니다. 만약 전화가 없는 학습자가 있으면 그 학습자에게 연락해야 하는 연락자는 집주소와 위치를 알아놓게 합니다. 비상연락망 짜기가 완성되면 교실 내에서 귓속말하기 또는 종이컵으로 내용으로 전달하기 등의 활동으로 연락망 연습을 할 수 있습니다.

02 활동 안내

- 준비물 : 활동지(비상연락망표)
- 활동 영역 : 말하기
- 활동 유형 : 전체활동
- 활동 시간 : 20분
- 활동상 유의점 : 전화가 없는 학습자의 경우에는 가장 집이 가까운 사람을 연락자로 지정합니다.

03 활동 순서

① 교사는 비상연락망의 용도에 대해 설명한다.

② 전체 교실 구성원을 대상으로 비상연락망을 짠다.

③ 교사는 한 학습자를 지명해서 교사의 연락을 받을 학습자로 정한다.

④ 교사의 지명을 받은 학습자는 자신이 연락을 할 학습자를 지명한다.

⑤ 이런 순서로 마지막 학습자까지 정해지면 마지막 학습자는 교사를 자신이 연락할 사람으로 지명한다.

⑥ 연락을 주고받을 학습자들 사이에 어려움은 없는지 확인한다.

⑦ 교사는 최종적으로 정해진 연락망을 연락순서에 따라 칠판에 적는다.

⑧ 교실의 모든 구성원은 자신이 연락을 해야 할 사람의 전화번호를 받는다.

⑨ 귓속말 전달하기 놀이로 연락망 연습을 한다.(연락망 순서대로 귓속말 전달하기)

⑩ 교사는 비상연락망을 표로 작성해서 학습자들에게 나눠준다.

> **비상연락망 예시**
>
> 교사 → 학습자 1 → 학습자 2 → 학습자 3 → 교사
>
> 교사 → 학습자 4 → 학습자 5 → 학습자 6 → 교사

04 확장 활동

비상연락망을 조직한 후에 실제 상황에서 잘 작동하는지 확인하기 위해서 교사가 임의로 내용을 구성해서 실제로 비상연락망을 돌리는 활동을 할 수 있다. 만약 비상연락망이 원활하지 못하면 문제점을 찾아서 해결하고 다시 비상연락망을 짠다.

활동2. 전화로 메시지 전달하기

01 개요

〈전화로 메시지 전달하기〉는 '비상연락망 만들기' 과제에 이어서 실제 비상연락망을 통해 메시지를 전달하는 과제활동입니다. 교사가 전화를 이용하여 구두로 메시지를 첫 번째 연락자에게 전달하면 첫 번째 연락자는 그 뒤를 이어 자신이 맡은 사람에게 메시지를 전달하게 하는 활동입니다. 이 활동은 학습자가 얼굴표정이나 제스처 등을 보지 않고 귀로만 내용을 듣고 그것을 전달하도록 하는 데 목적이 있습니다. 직접 대면해서 이야기를 나눌 때는 귀로 듣지 못한 부분도 시각적으로 보는 부분을 통해 내용 이해가 쉽지만 전화로 이야기를 할 때는 다른 도움수단이 없기 때문에 듣기에 집중해야 하며 이야기를 전달할 때도 상대방이 알아들을 수 있게 정확한 발음과 표현을 사용해야 하므로 학습자의 한국어사용능력 향상에 도움이 됩니다.

02 활동 안내

- 준비물 : 개인 전화기
- 활동 영역 : 말하기
- 활동 유형 : 전체활동
- 활동 시간 : 자유
- 활동상 유의점 : 전화로 전달할 메시지는 '수업시간에 ○○ 가져오기'와 같이 전달내용을 가
  시적으로 확인할 수 있는 과제로 제시해야 전달이 제대로 이루어졌는지 점
  검하기가 수월합니다.

03 활동 순서

① 교사는 학습자 개개인에게 비상연락망(전화번호나 집위치 등)을 확인한다.
② 수업 후 교사는 첫 번째 학습자에게 전화로 전달내용을 말한다.

③ 연락망 순서대로 학습자들은 각자 자신의 전달받은 내용을 자신의 연락망에게 전달한다.

④ 마지막으로 연락받은 학습자는 교사에게 자신이 연락받은 내용을 전화로 전달한다.

⑤ 교사는 마지막으로 내용을 전달받아 처음 전달한 내용과 같은지 확인하고 과제수행의 성공 여부를 결정한다.

⑥ 과제가 성공여부에 따라 교사는 '성공' 또는 '실패'라는 문자를 연락망으로 전달한다.

⑦ 만약 과제수행이 성공적이지 않으면 처음부터 다시 내용 전달하기를 실시한다.

⑧ 다음 수업시간에 전달내용에 따라 학습자들이 각자 준비물을 가져왔는지 확인한다.

04 확장 활동

'다음 수업시간까지 좋아하는 간식 한 가지 준비해오기' 등을 전화연락망으로 전달해서 다음 수업시간에 과제 수행 완성 여부를 확인할 뿐만 아니라 다 같이 간식을 먹으며 즐거운 시간을 보낼 수 있다.

활동3. 전화번호 찾기

01 개요

〈전화번호 찾기〉는 실제로 전화번호 안내센터(114)로 전화해서 공공기관이나 가게 등의 전화번호를 알아보는 과제활동입니다. 이 과제는 학습자가 교사나 같은 학습자와 전화로 대화를 나누는 상황에서 나아가 학습자를 전혀 알지 못하는 일반 한국인과 전화로 대화를 시도하여 자신이 원하는 것을 얻어낼 수 있도록 하는 것이 목적입니다. 학습자들은 일반적으로 교실 밖의 일반 한국인과 대화를 나누는 것에 대한 두려움이 있으므로 간단한 안내전화 등의 과제수행을 통해 한국어 사용에 자신감을 가질 수 있습니다. 교사는 과제를 위해 미리 공공기관이나 교육기관 주변 가게 이름과 전화번호를 조사합니다. 그리고 학습자들에게 자신들이 114를 통해 알아야 할 장소를 하나씩 제시합니다(목표 장소는 뽑기를 통해 할당할 수도 있습니다). 학습자가 안내센터로부터 알아낸 전화번호를 교사가 미리 가지고 있는 번호와 대조한 후 번호가 같으면 과제수행에 성공하게 됩니다. 만약 번호가 다르면 정확하게 알아낼 때까지 다시 시도해야 합니다.

02 활동 안내

- 준비물 : 전화기
- 활동 영역 : 말하고 듣기
- 활동 유형 : 개별활동
- 활동 시간 : 20분
- 활동상 유의점 : 전화로 알아볼 장소는 일상생활에서 자주 사용하는 곳으로 정해서 학습자가 알아낸 정보가 실제 생활에서 유용하게 쓰일 수 있도록 하면 학습자의 동기유발에 도움이 됩니다. 또한 전화기의 스피커를 켠 후 한 학습자가 전화하는 동안 다른 학습자는 조용히 듣습니다.

03 활동 순서

① 교사는 과제로 활용할 장소 이름과 전화번호를 학습자 수만큼 미리 조사한다.

② 학습자들에게 과제의 내용을 설명한다.

③ 교사가 조사해간 장소 이름을 칠판에 나열한다.

④ 학습자들은 칠판에 있는 장소를 하나씩 선택한다.

⑤ 학습자는 각자의 휴대전화로 114에 전화를 걸어 지정 장소의 전화번호를 알아낸다.

⑥ 114안내센터와 전화를 끝낸 학습자는 손을 들어 과제를 수행했음을 교사에게 알린다.

⑦ 학습자가 알아낸 전화번호를 말하면 교사는 자신이 가지고 있는 번호와 맞는지 확인한다.

⑧ 전화번호가 같으면 그 학습자는 과제수행을 종료한다.

⑨ 만약 전화번호가 다르면 학습자는 다시 114에 전화해서 번호를 알아낸다.

⑩ 학습자가 정확하게 전화번호를 알아낼 때까지 계속한다.

Tip | 활동에 활용할 장소

1. 학교 앞 식당
2. 우체국
3. 은행
4. 마트
5. 경찰서
6. 주민센터
7. 병원
8. 보건소
9. 영화관

Tip

114에 전화하는 것은 잘못하면 장난전화가 될 수 있으므로, 실제 과제를 수행하기 전에 충분히 연습한 후에 실시한다.

---

04 확장 활동

114에서 알아낸 번호로 전화해서 '정보 알아보기' 활동으로 이어갈 수 있다.

활동4. 정보 알아보기

O1　개요

　〈정보 알아보기〉는 학습자가 직접 공공기관이나 특정 장소에 전화해서 그곳의 정보를 수집하는 과제활동입니다. 이 과제를 통해 학습자는 일상생활에서 이용하는 장소들에 대한 정보를 알게 될 뿐 아니라 정보를 수집하는 과정에 자신의 한국어능력을 실제 현장에 사용해 볼 수 있는 기회를 갖게 됩니다. 과제 수행을 위해 교사는 학습자가 수행해야 할 장소와 전화번호를 미리 알아옵니다. 또는 사전활동 단계로 114 안내센터에 전화하기 과제를 수행해서 학습자가 직접 전화번호를 알아내게 할 수 있습니다. 이 과제는 2단계로 진행합니다. 1단계에서 학습자는 각각 자신이 정보를 알아봐야 할 장소를 할당 받아 그 장소의 전화번호를 알아냅니다. 2단계에서 교사의 확인을 받은 후 알아낸 전화번호로 전화해서 과제 대상기관의 '문 여는 시간, 문 닫는 시간, 점심시간...' 등등의 정보를 수집하게 됩니다. 알아내야 할 정보는 장소별로 교사가 미리 준비해서 제시합니다.

O2　활동 안내

- 준비물 : 전화기, 활동지(알아내야 할 정보)
- 활동 영역 : 말하고 듣기
- 활동 유형 : 개별활동
- 활동 시간 : 20분
- 활동상 유의점 : 전화번호 과제는 가능하면 공공기관이나 학습자들의 생활과 밀접한 관련이 있는 장소로 정합니다. 활동3의 장소를 응용합니다.

O3　활동 순서

① 교사가 과제를 수행할 장소를 정한다.

② 장소이름을 각각 하나씩 쪽지에 적고 쪽지를 접는다.

③ 교사는 과제의 성격을 설명하고 활동지를 나눠준다.

④ 학습자들에게 장소가 적힌 쪽지를 뽑게 한다.

⑤ 학습자들은 쪽지를 하나씩 집어서 자신이 과제를 수행할 장소를 확인한다.

⑥ 학습자들은 114에 전화를 걸어 과제를 수행할 장소의 전화번호를 알아낸다.

⑦ 114에서 알아낸 전화번호가 맞는지 교사에게 확인한다.

⑧ 알아낸 번호로 전화를 걸어 활동지에 있는 내용으로 질문한다.

⑨ 활동지에 있는 질문을 모두 끝내면 활동지를 완성해서 교사에게 제출한다.

Tip ı 전화로 알아볼 정보

1. 정확한 위치
2. 문 여는 시간
3. 문 닫는 시간
4. 점심시간

활동5. 문자 보내기 릴레이

01 개요

　〈문자 보내기 릴레이〉는 휴대전화의 문자 기능을 이용해서 의사를 전달하는 과제활동입니다. 이 과제는 한국어로 휴대전화의 문자 쓰기와 보내기의 기능을 이해하고 사용할 수 있도록 하는 것이 목적입니다. 문자 보내기는 학습자가 내용을 구성해서 보내는 창작 과제와 전달받은 내용을 다시 전달하는 릴레이 과제가 있습니다. 창작 과제는 주로 학습자 개개인이 교사에게 말하고 싶은 내용을 써서 정해진 시간까지 보내게 하는 것이고, 릴레이 과제는 교사가 선두가 되어 전달하는 내용을 학습자가 다음 학습자로 이어 전달하고 마지막에 교사가 전달 문자를 최종적으로 받으면 과제가 완료되는 활동입니다. 릴레이 과제는 휴대전화의 '전달' 기능을 이용하게 되면 학습자의 한국어 문자 만들기를 활성화하기 어려우므로 가능하면 학습자가 자신의 이야기를 문자로 보내는 창작 과제를 활용하는 것이 학습자의 한국어 사용능력 향상에 더 좋습니다. 이 과제에서 중요한 것은 문자를 받은 교사가 꼭 답장 문자를 보내주어야 한다는 것입니다.

02 활동 안내

- 준비물 : 휴대전화
- 활동 영역 : 쓰기
- 활동 유형 : 개별활동
- 활동 시간 : 자유
- 활동상 유의점 : 문자를 보낼 때는 최소 문장 수, 보내는 시간 제한 등의 조건을 만들어서
　　　　　　　　명시적으로 제시합니다.

03 활동 순서 : 교사에게 문자 보내기

① 교사는 과제의 내용과 조건을 설명한다.
② 학습자는 교사의 휴대전화번호를 입력한다.
③ 학습자는 각자 편한 시간에 교사에게 문자를 보낸다.(교실 밖)

④ 교사는 학습자의 문자를 읽고 답장을 보낸다.(교실 밖)

① 교사는 과제의 내용과 조건을 설명한다.

② 문자릴레이를 위한 순서를 정한다. 또는 비상연락망을 활용한다.

③ 교사는 다음날 준비물과 관련한 사항을 문자로 첫 번째 학습자에게 보낸다.(교실 밖)

④ 교사의 문자를 받은 학습자는 다음 학습자에게 같은 내용을 문자로 보낸다.(교실 밖)

⑤ 마지막 학습자는 자신이 받은 문자내용을 교사에게 다시 문자로 보낸다.(교실 밖)

⑥ 교사는 최종적으로 자신에게 돌아온 문자내용을 확인한다.(교실 밖)

⑦ 다음날 학교에서 문자로 전달한 내용에 따라 준비물을 가져왔는지 확인한다.

⑧ 학습자들이 모두 문자내용에 맞게 준비물을 가져왔으면 과제를 종료한다.

Tip

문자 릴레이의 과제를 제시하는 경우 '전달' 기능을 이용하는 것을 막기 위해서 문장의 첫 시작에 '～씨에게'와 같이 문자를 받는 사람의 이름을 꼭 적도록 한다.

문자보내기 예시

01 개요

　〈전화로 약속 정하기〉는 학습자가 전화를 이용해서 약속 장소와 시간 등을 정하여 모이도록 하는 과제활동입니다. 실제 만나서 얼굴을 보면서 이야기할 때는 상대방의 표정과 몸짓 등을 함께 보면서 대화를 하기 때문에 내용을 이해하기 쉽지만 전화로만 대화를 할 때는 상대방의 말소리에만 의존해서 내용을 이해해야 하므로 외국인학습자들이 전화로 이야기하는 것에 대해 두려움을 가지고 있습니다. 교실에서 전화를 사용한 다양한 대화 상황을 연습함으로써 실제 생활에서 전화를 통한 의사소통을 두려워하지 않도록 하는 데 목적이 있습니다. 전화로 약속하기 과제는 학습자끼리 전화로 약속장소와 시간 등을 정한 다음에 실제로 그 약속을 지키도록 합니다. 약속 장소에서 만나 인증사진을 찍는 것으로 활동이 끝납니다.

02 활동 안내

- 준비물 : 없음
- 활동 영역 : 말하기
- 활동 유형 : 모둠활동
- 활동 시간 : 자유
- 활동상 유의점 : 교사는 팀원이 누구인지 미리 알려주지 않습니다. 방과 후에 문자로 팀원들을 알려주고 서로 전화로 약속을 정해 만나게 합니다. 이 과제는 학습자가 서로 만나 과제에 대해 논의할 기회를 주지 않기 위해 하루 안에 이루어지게 구성되어야 합니다.

03 활동 순서

① 교사는 수업시간에 과제의 성격과 내용을 설명한다.

② 교사는 학습자에게 알려주지 않고 학습자 3~4명으로 팀을 정한다.

③ 교사는 수업 후 개별적으로 각 팀의 한 명에게 문자를 보내 팀원을 알려준다.

④ 교사의 문자를 받은 학습자는 다른 팀원에게 전화를 해서 약속장소와 시간을 정한다.

⑤ 팀원들이 전화로 정한 약속 장소에서 만난다.

⑥ 약속 장소에 팀원이 모두 나타나면 인증사진을 찍어 교사에게 보낸다.

⑦ 교사가 사진을 확인하고 승인하면 그 팀은 과제수행을 성공하고 종료한다.

04 확장 활동

스마트폰의 단체 문자 기능(단체 이야기하기 기능 : 카카오톡 등)을 활용하여 팀원들이 동시에 대화에 참여하고 약속을 정하는 과제를 수행한다.

활동7. 국제전화 싸게 하는 방법

01 개요

　〈국제전화 싸게 하는 방법〉은 대부분 외국인인 학습자들이 평소 자국에 전화하는 여러 가지 방법들 가운데 싸게 전화할 수 있는 방법을 찾아서 소개하는 과제활동입니다. 한국에서 자국으로 국제전화를 이용할 때 편리한 점과 불편한 점, 자국의 전화 이용 방법과 같은 점과 차이점 등에 대해 서로 경험을 이야기하고 싸게 이용할 수 있는 방법들에 대해 서로 소개하도록 하는 활동입니다. 예를 들어, 보통 국제전화는 001이나 002를 많이 이용하지만 00700등과 같은 긴 번호를 이용하면 싸게 전화할 수 있습니다. 또한 싼 국제전화 번호 가운데는 특정 나라에는 해당이 안 되는 것도 있습니다. 이런 정보들을 서로 공유해서 나라별로 싼 국제전화 번호를 찾아 보게 합니다. 과제활동의 결과는 학습자에게 현실적으로 유용한 정보이기 때문에 학습자들의 적극적인 관심과 참여를 유도할 수 있는 과제입니다.

02 활동 안내

- 준비물 : 없음
- 활동 영역 : 말하기
- 활동 유형 : 모둠활동
- 활동 시간 : 30분
- 활동상 유의점 : 학습자들이 소개하는 방법 중에 불법적이거나 비윤리적인 방법은 없는지 살펴봅시다. 무조건 싸게 한다고 좋은 것이 아니라 정당한 방법을 사용하는 것이 중요하다는 것을 인식시켜 줍니다.

03 활동 순서

① 교사는 과제의 내용에 대해 소개한다.

② 학습자 3~4명으로 팀을 구성한다.

③ 팀별로 국제전화에 관한 경험들을 이야기한다.

④ 이용해 본 국제전화 가운데 요금이 싼 전화를 찾는다.

⑤ 팀별로 국제전화 번호와 이용방법을 정리한다.

⑥ 모둠활동이 끝나면 전체활동으로 팀별로 정리한 내용을 발표한다.

⑦ 나라별로 가장 싸고 유용한 국제전화번호를 정리한다.

04 확장 활동

정리한 국제전화번호로 실제 자기나라의 가족이나 친구에게 전화를 해보도록 한다. 사용 후기를 다시 한 번 이야기하는 시간을 갖는다.

활동8. 문자 회의

01 **개요**

　〈문자 회의〉는 학습자가 직접 대면해서 이야기를 나눌 수 없는 상황에서 빨리 의사결정을 해야 하는 경우, 여러 명이 참여해서 휴대전화로 의견을 나누고 결정하는 과제활동입니다. 이 과제는 서로 대화할 수 없는 상황에서 문자를 통해 의사를 개진하고 조율해서 결정하도록 하는 활동이며, 문자로 자신의 의사를 전달하고 다른 사람의 의견을 보고 이해하는 과정을 거치게 됩니다. 이 과정에서 학습자는 말로 전달할 때와 다른 쓰기의 기능에 대해 자연스럽게 익히게 됩니다. 이 과제가 성공적으로 수행될 수 있기 위해서는 회의에 적절한 주제를 선정해서 주는 교사의 역할이 중요합니다. 이 과제는 수업 외에 서로 얼굴을 볼 수 없는 시간에 휴대전화의 문자를 통해 이루어지므로 글로 논의하기 적절한 주제를 선정해서 제시합니다. 가능하면 학습자들의 회의 결과가 가시적으로 드러날 수 있는 안건을 제시해서 결과를 확인할 수 있도록 합니다. 교사는 학습자들이 의논할 안건을 결정해서 문자로 보내줍니다. 학습자들은 회의 결과를 문자로 교사에게 알리는 것으로 과제가 완료됩니다.

02 **활동 안내**

- 준비물 : 휴대전화
- 활동 영역 : 쓰기
- 활동 유형 : 모둠활동
- 활동 시간 : 자유
- 활동상 유의점 : 팀원이 모두 참여해야 합니다. 특정인에 의해 일방적 주도의 회의가 되지 않도록 사전에 미리 주의를 줍니다. 스마트폰의 단체 대화방 기능을 활용할 수 있습니다.

① 교사는 과제의 성격을 설명한다.

② 학습자 3~4명으로 팀을 구성한다.

③ 각 팀은 팀장을 정한 후 교사에게 알린다.

④ 수업 후 교사는 각 팀장에게 결정해야 할 사안에 대해 문자를 보낸다.

⑤ 학습자들은 팀별로 문자를 통해 회의를 한다.

⑥ 교사가 제시한 문제들에 대해 결정을 한다.

⑦ 교사에게 회의 결과를 문자로 보낸다.

⑧ 각 팀은 회의 과정의 문자내용을 모두 저장한다.

⑨ 다음 수업에서 회의 과정과 결과를 확인한다.

⑩ 교사는 대화내용을 확인하고 모든 학습자가 대화와 의사결정에 적극적으로 참여하였는지 확인하고 과제활동을 종료한다.

Tip

회의 주제는 '다음 수업에 다 같이 무슨 색을 입을까?', '쉬는 시간에 먹을 간식을 뭘 사올까?' 등을 선정할 수 있으며, 수업 내용과 관련한 팀별 준비물에 대한 논의 등을 포함할 수 있다. 예를 들어, 다음 시간에 '역할극'이 준비되어 있다면 이와 관련하여 각 팀이 역할에 대한 준비물을 뭘 가져올 것인지를 의논하고 준비해 올 수 있다.

활동9. 여보세요?

01   개요

〈여보세요?〉는 실제 생활에서 전화를 주고받을 때 일어날 수 있는 다양한 상황을 역할극으로 수행하는 역할극 활동입니다. 활동을 통해 학습자는 다양한 전화 상황에 맞게 한국어를 구사할 수 있는 능력을 기르게 됩니다. 역할극으로 수행할 수 있는 전화 상황은 '전화로 안부전하기, 잘못 온 전화에 응대하기, 잘못 건 전화에 사과하기, 전화 걸어 사람 찾기, 전화로 예약하기..." 다양하게 설정할 수 있습니다. 과제 수행을 위해 교사는 먼저 학습자 3~4인으로 구성된 팀을 정하고 역할극으로 수행할 상황을 팀 수에 맞게 설정합니다. 팀별로 자신들이 역할극을 할 상황을 선택한 다음 그에 맞는 시나리오를 작성하고 팀 구성원의 역할을 정합니다. 그리고 역할에 따라 연습한 후에 전체활동으로 역할극을 수행합니다. 교사는 학습자들이 역할극에 맞는 시나리오를 작성할 때 상상력을 자극해서 지금까지 배운 다양한 표현이 들어갈 수 있도록 유도합니다.

02   활동 안내

- 준비물 : 활동지(시나리오용), 전화기
- 활동 영역 : 복합
- 활동 유형 : 모둠활동, 전체활동
- 활동 시간 : 50분
- 활동상 유의점 : 기본적으로 역할극을 수행하는 데 필요한 전화기 등 소품을 준비합니다. 시나리오 쓰기에 너무 많은 시간을 들이지 않도록 시간 제한을 두는 것이 좋습니다.

03 활동 순서

① 교사가 과제의 성격과 학습자들이 해야 할 일을 설명한다.

② 학습자 3~4명으로 팀을 구성한다.

③ 각 팀별로 역할극으로 수행할 상황에 대해 의논한다.

④ 상황이 정해지면 시나리오로 대본을 쓴다.

⑤ 대본 쓰기가 끝나면 교사의 검사를 받아 수정한다.

⑥ 시나리오에 따라 팀원들의 역할을 정한다.

⑦ 팀별로 역할에 맞춰서 시나리오 연습을 한다.

⑧ 역할극에 필요한 소품을 준비한다.

⑨ 팀별로 앞에 나와서 역할극을 수행한다.

⑩ 교사는 역할극에 대해 평가하고 과제를 통해 학습된 내용을 확인한다.

Tip | 전화 역할극 예시

1. 전화로 메모 남기기
2. 잘못 걸려온 전화에 대응하기
3. 전화로 예약하기
4. 전화로 안부인사하기
5. 전화로 예약 취소하기
6. 전화로 약속 정하기

⋮

활동10. 음식 주문하기

01   개요

〈음식 주문하기〉는 전화를 사용해서 실제로 식당에 음식을 주문해 보도록 하는 실제적 과제 활동입니다. 이 과제는 음식 주문관련 표현을 실제로 사용해 볼 수 있으며 한국의 생활문화 가운데 하나인 배달문화도 체험할 수 있도록 하는 활동입니다. 이 과제는 학습자가 각자 따로 수행하기보다는 학급 전체가 방과 후 활동으로 실시해서 과제수행도 하고 음식도 같이 먹는 친목의 시간을 가지는 방향으로 진행하면 좋습니다. 과제를 수행하기 위해 먼저 학습자들이 각기 먹고 싶은 음식을 말합니다. 그리고 그 음식들을 종류별로 묶어서 한식, 중국, 분식, 패스트푸드 등 몇 가지로 나눕니다. 같은 종류의 음식을 주문하는 학습자끼리 묶어서 한 팀을 이루고 팀별로 식당을 정하고 팀원 중 한 명이 전화로 음식을 주문합니다. 음식을 주문할 때 음식 단위와 배달 장소와 위치를 설명하는 과정에서 한국어를 사용할 기회를 가집니다. 음식이 배달된 후에 계산까지 치르면 과제활동은 끝납니다. 그 후에는 다 같이 맛있게 먹는 시간이 남아 있겠죠.

02   활동 안내

- 준비물 : 휴대전화, 음식점 이름과 연락처
- 활동 영역 : 복합
- 활동 유형 : 전체활동
- 활동 시간 : 자유
- 활동상 유의점 : 이 과제는 방과 후에 특별한 일정이 없는 날을 정해서 마지막 수업시간에
　　　　　　　　실시합니다. 수업 끝난 후에 바로 식사를 할 수 있도록 하기 위함입니다.

03   활동 순서

① 교사는 수업 전에 학교주변의 음식점과 연락처를 준비한다.

② 교사는 과제의 취지를 설명한다.

③ 음식 주문에 필요할 것으로 예상되는 표현들을 익힌다.

④ 학습자들이 먹고 싶은 음식들을 서로 이야기한다.

⑤ 교사는 주문할 음식 종류가 유사한 학습자들끼리 모아서 팀을 만든다.

⑥ 교사는 음식점 이름과 연락처가 적힌 목록을 각 팀에 나눠준다.

⑦ 팀별로 팀원들이 주문할 음식과 음식점을 정한다.

⑧ 음식점에 전화해서 음식을 주문한다. (음식 주문 시 가격도 묻는다)

⑨ 음식이 도착하기 전에 팀별로 음식값을 걷는다.

⑩ 음식이 도착한 후 돈을 계산하고 다 같이 식사한다.

음식 주문하기 자료

Date: .   .   .

CHAPTER

부록

01 369게임

369게임은 숫자를 익히기 위한 게임이다. 게임에 참여하는 모든 사람이 돌아가면서 1부터 순서대로 불러가다가 3과 6, 9가 들어가는 숫자에 해당하는 사람은 그 수를 부르지 않고 손으로 박수를 치는 것이 게임의 규칙이다. 게임을 처음 시작할 때 다 같이 양손은 가볍게 주먹을 쥐고 팔을 겨드랑이에 붙였다 뗐다 하면서 리듬감을 가지고 '삼육구, 삼육구, 삼육구, 삼육구'를 네 번 외친 후 순서대로 돌아가면서 숫자를 부르기 시작한다. 3, 6, 9가 들어간 숫자를 소리 내어 부르거나, 3, 6, 9가 아닌 숫자에서 박수를 치거나 하면 게임이 멈추고 규칙을 어긴 사람은 벌칙을 받는다. 그리고 숫자 1부터 다시 시작한다. 이 게임의 관건은 틀리지 않고 숫자 어디까지 갈 수 있는지 하는 것이다. 한 번도 틀리지 않고 30을 넘기기가 쉽지 않다. 그래서 시작할 때 목표숫자를 정해놓고 하면 게임의 재미를 더할 수 있다.

사진 및 설명 아래의 동작을 리듬에 맞춰서 두 번 반복(준비→369 · 369→369 · 369)

빙고게임은 단어 익히기 게임이다. 특정 주제를 정해서 게임 참여자가 각각 그 주제에 맞는 단어를 빙고칸에 써넣는다. 빙고칸은 가로세로의 칸수를 동일하게 하는데 학습자 수준과 시간 등 상황에 맞게 세 칸, 네 칸, 다섯 칸 등으로 늘려갈 수 있다. 게임 방법은 가로와 세로의 각 빈 칸에 단어를 넣은 후, 돌아가면서 자신이 써놓은 단어를 하나씩 부르며 불려진 단어가 빙고판에 있으면 그것을 지워가는 방법으로 진행한다. 가로줄이나 세로줄 또는 대각선줄로 단어를 하나 씩 지워나가서 모든 줄의 단어를 다 지우면 '빙고'를 외친다. 동일 방향의 단어가 모두 지워진 것을 한 줄로 보았을 때, 가로줄, 세로줄, 대각선줄로 단어를 지워갈 수 있다. 따라서 단어를 부를 때는 자신의 빙고칸의 단어가 빨리 지워질 수 있는 단어를 선택해서 말하는 것이 중요하다. 게임의 조건으로 지워진 줄이 몇 개 되었을 때 '빙고'를 외칠 수 있는 지를 미리 제시한다.

스피드게임은 정해진 주제의 단어들을 단어장에 하나씩 쓴 후에 설명자가 그 단어를 보고 설명하면 같은 팀의 구성원은 설명자의 설명을 듣거나 행동을 보고 단어를 연상해서 맞히는 게임이다. 정해진 시간 안에 얼마나 많은 숫자의 단어를 맞히는지에 따라 게임의 성패가 결정된다. 이때 설명자는 해당 단어를 직접 말하면 안된다. 단어장의 단어는 설명자만 볼 수 있으며 한 번에 한 개의 단어가 제공된다. 설명자가 설명할 수 없는 단어이거나 대답하는 사람이 빨리 알아 맞힐 수 없는 단어일 경우에는 '통과'를 외쳐서 해당 단어를 버리고 새 단어로 넘어간다. 이 게임의 관건은 정해진 시간에 단어를 많이 맞히는 것이므로 잘 모르는 단어일 경우에는 계속 설명하거나 답을 생각하면 시간만 낭비되므로 빨리 그 단어를 포기하고 다른 단어로 넘어가는 것이 유리하다.

게임은 그때그때의 상황에 따라 설명자가 말로 설명하기, 또는 행동으로 보여주기 등등 다양한 제시방법을 동원할 수 있다. 말로 설명할 때에는 해당 단어가 들어가는 설명은 실격이 된다. 게임에 필요한 인원은 단어 설명자, 답을 맞히는 사람, 단어판을 드는 사람, 시간을 재는 사람 등 최소한 4명이다.

정해진 시간 안에 단어를 설명하고 맞히는 스피드 게임

04   스무고개

　스무고개는 질문과 '네', '아니오' 대답을 통해 특정 단어나 사물을 맞히는 놀이 활동이다. 이 놀이는 먼저 한 사람이 단어나 사물을 머릿속으로 생각하거나 글로 써둔 후에 다른 사람들의 질문을 받는다. 질문을 하는 사람은 한 번에 한 문장씩 질문을 할 수 있고 스무 개까지 질문을 통해 답을 맞혀야 한다. 답을 정해놓고 질문을 받는 대답자는 오로지 '네, 아니요'로만 대답할 수 있고 대답 중에 어떤 힌트도 비춰서는 안 된다. 질문자들이 질문을 하다가 답이 떠오르면 '정답'을 외친다. 그리고 그 질문자가 제시한 답이 맞으면 게임이 종료되고, 답을 맞힌 사람이 이번에는 문제를 내는 사람이 되어 다시 스무고개 질문이 시작된다. 이 놀이는 주제별로 특정 단어를 익혀야 하는 단계에서 사용하면 효과를 볼 수 있다. 또한 놀이가 재미있게 진행되려면 정답을 맞힌 사람에게 일정한 포상을 주는 방법을 선택할 수 있다.

05   이구동성

　이구동성 게임은 몇 명의 사람(보통 3~5명)이 동시에 각자 맡은 음절을 큰 소리로 말하면 들는 사람이 그 음절들을 모아서 완성된 단어를 답으로 제시하는 게임이다. 이 게임을 위해서는 3명 이상으로 구성되는 두 팀이 필요하다. 팀은 단어를 말하는 사람과 듣고 정답을 맞히는 사람으로 나누는데 게임을 시작하기 전에 교사는 제시하는 단어의 음절수를 2음절이나 3음절 단어로 고정해 놓은 것이 좋다. 그런 다음 단어 음절수만큼 단어를 말할 사람을 차출한다. 단어를 말할 사람에게는 각각 한 음절씩을 보여준 다음 신호에 맞추어 동시에 자신이 본 음절을 크게 말하게 한다. 같은 팀의 다른 사람들은 단어를 말하는 사람들의 입모양과 소리를 잘 듣고 유추해서 정답을 말한다. 정해진 시간 안에 많은 단어를 맞힌 팀이 이긴다.

06 귓속말로 전달하기

귓속말로 전달하기는 학습자의 듣기 능력을 향상시키기 위한 활동의 하나로서, 완성된 문장을 귓속말로 다음 사람에게 이어 전달하게 한다. 활동 방법은 여러 명의 학습자를 한 팀으로 정하고 일렬로 정비한 후, 가장 앞에 있는 사람 또는 가장 뒤에 있는 사람에게만 완성된 문장을 보여준다. 첫 번째 사람은 그 문장을 외운 후, 자신의 뒤에 있는 다음 사람에게 귓속말로 문장을 전달한다. 전달을 받은 사람은 이어서 그 뒷사람에게 또 문장을 귓속말로 전달한다. 이런 순서로 끝까지 전달한 후 맨 마지막에 문장을 전달받은 사람이 일어나서 들은 문장을 말하거나 칠판에 글로 쓴다. 마지막 사람이 쓴 문장이 처음 전달한 문장과 일치하면 그 팀은 임무를 성공적으로 수행한 것이 된다.

사진 및 설명 귓속말로 순서대로 내용을 전달하기

동작 1 : 뒷사람이 앞사람에게 내용 전달   동작 2 : 전달 받은 사람이 다시 앞 사람에게 전달

07   뒷말 잇기

　뒷말 잇기는 단어의 마지막 음절을 이어받아 그 음절이 첫음절로 쓰인 단어를 찾아 말하는 놀이이다. 이 활동은 학습자의 어휘력을 향상시키기 위한 것으로 어휘력이 어느 정도 갖춰진 상태에서 활용할 수 있다. 예를 들어, '감자'라고 말하면 그 뒤를 이어 '자'로 시작하는 단어 '자동차'와 같이 말하는 방식으로 진행된다. 초급 단계에서는 학습자의 어휘력이 풍부하지 않으므로 이 놀이를 할 때는 그룹 대 그룹으로 진행하는 것이 효과적이다. 팀원들이 협력해서 단어를 생각하다 보면 개인이 가진 어휘력보다 훨씬 많은 단어를 표출해 낼 수 있고 그 과정에서 학습자들은 자신이 몰랐던 새 단어를 익히게 되는 계기가 될 수 있다. 이 활동은 말하기로도 할 수 있고 쓰기로도 할 수 있다.

08   십자낱말 맞추기

　십자낱말 맞추기는 설명하는 글을 읽거나 듣고 가로 세로의 빈칸에 알맞은 단어를 넣는 게임이다. 맞혀야 하는 단어의 음절수는 주어진 가로나 세로의 빈칸 수와 맞아야 한다. 이 게임은 학습자의 어휘력을 확장하기 위한 방법으로 사용할 수 있는데 시중에 나와 있는 활동지를 이용할 수도 있지만 어휘력 수준이 학습자와 맞지 않을 수 있으므로 교사가 직접 제작할 수도 있다. 십자낱말 맞추기를 제작할 때는 미리 사용할 단어를 생각한 후에 가로와 세로로 단어들이 만나는 길을 잘 생각해야 한다. 동일 음절이 겹치는 부분이 있는 단어를 우선적으로 선택해서 가로와 세로에 배치하면 효과적으로 표를 만들 수 있다. 이 활동은 학급의 학습자 전체를 대상으로 진행하거나 개인적으로 진행할 수도 있고, 팀을 나누어 게임으로 진행할 수도 있다.

09   이야기 이어가기

　이야기 이어가기는 앞 사람이 말한 내용에 이어서 다음 이야기를 지어내어 말하는 활동이다. 주로 시간표현이나 접속어를 학습할 때 사용하면 유용한 활동으로 학급 구성원이 전체 참여하여 재미있는 이야기를 만들어낼 수 있다. 먼저 교사가 이야기의 시작이 되는 문장을 말하면 그 뒤를 이어서 학습자가 순서대로 한 문장씩 말을 이어가는 활동이다. 학습자는 자신의 순서가 되면 앞 문장에 이어서 이야기를 만드는데 한 문장으로 말해야 한다. 이 활동이 학습에 도움이 되는 활동이 되기 위해서는 학습자들이 만드는 내용이 '시간 사용'이나 '접속사 사용' 등으로 학습내용이나 기준에 맞아야 한다는 전제를 달아야 하며 앞내용과 연결하여 관련성을 가져야 한다는 점을 명시한다. 이 활동의 장점은 전체적으로 내용이 연결되어야 하기 때문에 앞의 사람이 하는 말을 잘 들어야 하며 동시에 자신이 이어 만들 내용을 미리 구상해야 하므로 학습자들의 참여가 적극적이라는 점이다. 대신 이야기가 반복적이거나 말장난으로 변질될 수 있으므로 전체적인 흐름을 유지할 수 있도록 교사의 적절한 개입이 필요하다. 활동은 먼저 말하기로 실시한 후에 자신의 생각을 정리해서 글로 쓰게 하는 후속 활동을 할 수 있다.

10 　수수께끼 놀이

수수께끼 놀이는 질문을 듣고 정답을 맞히는 놀이로 일종의 넌센스 퀴즈이다. 예를 들어, '아무리 먹어도 배가 부르지 않는 것은?'의 정답은 '나이'이다. 수수께끼 놀이는 학습자들이 초급에서 동사와 형용사를 학습한 후에 '이것은 무엇일까요?'와 같은 수수께끼 놀이를 통해 어휘 사용을 확장할 수 있다. '많이 많이 먹었어요. 그런데 배가 안 불러요. 이것은 무엇이에요?'와 같이 질문을 초급 수준에 맞게 쉽게 바꿔서 하면 학습자들이 자신의 문화와 비교해서 재미있는 대답을 할 수 있다. 보통 외국인 학습자의 경우 언어를 학습하는 수준은 초급이라도 성인이기 때문에 학습자의 수준과도 잘 맞는 놀이라 할 수 있다. 한국의 수수께끼와 비교해서 학습자 나라의 수수께끼를 소개하기를 통해 문화교류도 할 수 있는 활동이다.

11 　퀴즈풀이

퀴즈풀이는 사물의 이름을 학습하고 난 뒤에 어휘력을 점검하고 확장하기에 좋은 활동이다. 수수께끼와 비슷한 방법이지만 수수께끼는 엉뚱한 대답을 요구하는 데 비해 퀴즈는 정상적인 대답을 요구하는 점이 차이가 있다. 초급에서 사물의 특성이나 모양, 색깔 등을 말한 뒤 그 사물의 이름을 맞히게 하는 활동으로 사용할 수 있다. 팀별 대결로 빨리 대답하는 팀에게 점수를 줘서 최종적으로 점수가 높은 팀이 이기는 게임으로 활용할 수 있다. 퀴즈풀이는 교실 구성원들에 대해 질문하는 '이 사람은 누구일까요?'와 같은 놀이로 활용할 수도 있다.

| 12 | 네 박자 게임 |

네 박자 게임은 네 박자 리듬에 맞추어 게임에서 요구되는 단어를 말하는 게임이다. 네박자 리듬의 첫 번째는 책상이나 무릎을 치고 두 번째는 손바닥을 마주치며 세 번째와 네 번째는 왼쪽과 오른쪽 엄지손가락을 번갈아 치켜 올린다. 이때 엄지손가락을 치켜 올릴 때 게임에서 요구하는 단어를 리듬에 맞게 빨리 말하는 것이 게임의 핵심이다. 예를 들어 과일 이름 말하기 게임에서는 '딱, 딱, 바나나, 사과' 등과 같이 말한다. 그러면 다음 사람이 '딱, 딱, 사과, 포도'와 같이 이어 말한다. 네 박자 게임은 단어를 익히기 위한 활동으로 활용할 수 있는데 주제별로 게임을 할 범위를 미리 지정한 후에 진행한다.

사진 및 설명 리듬에 맞게 하나-둘-셋-넷 : 셋과 넷에 게임에서 정한 단어를 말한다.

하나 : 무릎

둘 : 손뼉

셋 : 오른손 엄지

넷 : 왼손 엄지

13 글자 만들기(자모결합)

글자 만들기 활동은 처음 한글을 학습한 후에 자음과 모음을 결합하여 글자를 만드는 활동이다. 학습자들에게 자음과 모음이 하나씩 낱낱으로 적혀 있는 카드를 나눠주고 책상 위에 벌여놓은 채 교사가 부르는 음절에 맞게 자음과 모음을 찾아서 글자를 만드는 활동이다. 음절을 완성한 사람이 손을 들면 교사가 보고 맞는지 확인한다. 자모학습이 완료된 상태이면 학습자 개개인이 문제를 풀도록 하고, 학습진행이 중간 정도이면 학습자 두 명이 한 조가 되어 짝활동으로 문제를 풀도록 한다. 학습 진행 정도에 따라서 자음이나 모음의 수를 늘여가거나 받침이 있는 음절 말하기 등의 방법을 사용할 수 있으므로 한국어 자음과 모음에 익숙해지는 단계에서 활동하기 좋은 활동이다.

14 낱말 만들기(음절결합)

낱말 만들기 활동은 글자 만들기 단계를 지나서 자음과 모음 카드를 결합하여 완성된 하나의 단어를 조합해 내도록 하는 활동이다. 글자 만들기가 의미보다는 형태에 초점을 둔 활동이라면 낱말 만들기는 단어가 가지는 형태와 더불어 의미에 초점을 둔 활동이다. 교사가 단어를 부르면 학습자는 자신이 가진 카드를 조합해서 단어를 만들어낸다. 예를 들어 교사가 '가위'라고 말하면 학습자는 자음 'ㄱ'과 모음 '아, 위'를 조합하여 '가위'를 만든다. 학습자가 단어를 완성하면 교사는 그 단어의 의미를 물어보는 것을 잊지 않는다.

15 글자 끼워 넣기(음절결합)

글자 끼워 넣기 활동은 학습자가 글자를 글자카드에서 찾아 넣어 단어를 완성하게 하는 활동이다. 우선 교사는 학습용으로 사용할 단어들을 고른 다음 각 단어에서 한 글자를 빼고 학습자에게 제시한다. 예를 들어 '감*', 고*마'와 같이 한 글자가 빠진 상태로 단어를 제시한 다음 학습자가 그 빠진 글자를 채워 넣도록 하는 활동이다. 이 활동은 카드 활동으로 할 수도 있고, 글로 쓰게 할 수도 있다. 학습자들이 단어를 정확하게 알고 있는지를 점검할 수 있는 활동이다. 교사는 각 단어의 의미를 설명하거나 그림을 보여주며 힌트를 주면 학습자는 주어진 글자들로 단어를 찾아내게 된다. 카드로 진행할 때는 먼저 교사가 한 글자가 빠진 단어를 보여주면 학습자는 자신이 가진 글자카드에서 해당되는 글자를 들어 보인다. 글자로 쓰게 할 때는 문제의 단어들을 한꺼번에 제시하고 그 아래에 정답이 포함된 여러 글자를 나열해서 학습자가 정답이라고 생각되는 글자를 선택해서 빈칸에 끼워 넣기로 진행한다.

나라 및 수도(188)

국기						
국가명	가나	가봉	가이아나	감비아	과테말라	그루지야
수도	아크라	리브르빌	조지타운	반줄	과테말라	트빌리시
국기						
국가명	그리스	기니	기니비사우	나미비아	나이지리아	남아프리카공화국
수도	아테네	코나크리	비사우	빈트후크	아부자	프리토리아
국기						
국가명	네덜란드	네팔	노르웨이	뉴질랜드	니제르	니카라과
수도	암스테르담	카트만두	오슬로	웰링턴	니아메	마나과
국기						
국가명	덴마크	도미니카공화국	독일	라오스	라이베리아	라트비아
수도	코펜하겐	산토도밍고	베를린	비엔티안	몬로비아	리가
국기						
국가명	러시아	레바논	레소토	루마니아	룩셈부르크	르완다
수도	모스크바	베이루트	마세루	부쿠레슈티	룩셈부르크	키갈리

국기						
국가명	리비아	리히텐슈타인	마다가스카르	마셜	마케도니아	말라위
수도	빌뉴스	파두츠	안타나나리보	마주로	스코페	릴롱궤
국기						
국가명	말레이시아	말리	멕시코	모나코	모로코	모리셔스
수도	콰알라룸푸르	바마코	멕시코시티	모나코	라바트	포트루이스
국기						
국가명	모리타니	모잠비크	몬테네그로	몰디브	몰타	몽골
수도	누악쇼트	마푸토	포드고리차	말레	발레타	울란바토르
국기						
국가명	미국	미얀마	바누아투	바레인	바티칸	바하마
수도	워싱턴	양곤	빌라	마나마	바티칸	나소
국기						
국가명	방글라데시	베냉	베네수엘라	베트남	벨기에	벨라루스
수도	다카	포르토노보	카라카스	하노이	브뤼셀	민스크
국기						
국가명	벨리즈	보스니아 헤르체고비나	보츠와나	볼리비아	부룬디	부르키나파소
수도	벨모판	사라예보	가보로네	라파스(행정), 수크레(헌법)	부줌부라	와가두구

국기						
국가명	부탄	북한	불가리아	브라질	브루나이	사모아
수도	팀부	평양	소피아	브라질리아	반다르세리베가완	아피아
국기						
국가명	사우디아라비아	산마리노	상투메프린시페	세네갈	세르비아	세이셸
수도	리야드	산마리노	상투메	다카르	베오그라드	빅토리아
국기						
국가명	세인트루시아	세인트빈센트그레나딘	소말리아	솔로몬제도	수단	수리남
수도	캐스트리스	킹스타운	모가디슈	호니아라	하르툼	파라마리보
국기						
국가명	스리랑카	스와질랜드	스웨덴	스위스	스페인	슬로바키아
수도	스리자야와르데네푸라	음바바네	스톡홀름	베른	마드리드	브라티슬라바
국기						
국가명	슬로베니아	시리아	시에라리온	싱가포르	아랍에미레이트	아르메니아
수도	류블랴나	다마스쿠스	프리타운	싱가포르	아부다비	예레반
국기						
국가명	아르헨티나	아이슬란드	아이티	아일랜드	아제르바이잔	아프가니스탄
수도	부에노스아이레스	레이캬비크	포르토프랭스	더블린	바쿠	카불

국기						
국가명	안도라	알바니아	알제리	앙골라	앤티가바부다	에리트레아
수도	안도라라베야	티라나	알제	루안다	세인트존스	아스마라

국기						
국가명	에스토니아	에콰도르	에티오피아	엘살바도르	영국	예멘
수도	탈란	키토	아디스아바바	산살바도르	런던	사나

국기						
국가명	오만	오스트레일리아	오스트리아	온두라스	요르단	우간다
수도	무스카트	캔버라	빈	테구시갈파	암만	캄팔라

국기						
국가명	우루과이	우즈베키스탄	우크라이나	이라크	이란	이스라엘
수도	몬테비데오	타슈겐트	키예프	바그다드	테헤란	예루살렘

국기						
국가명	이집트	이탈리아	인도	인도네시아	일본	자메이카
수도	카이로	로마	뉴델리	자카르타	도쿄	킹스턴

국기						
국가명	잠비아	적도기니	중국	중앙아프리카 공화국	지부티	짐바브웨
수도	루사카	말라보	베이징	방기	지부티	하라레

국기						
국가명	차드	체코	칠레	카메룬	카보베르데	카자흐스탄
수도	은자메나	프라하	산티아고	야운데	프라이아	아스타나
국기						
국가명	카타르	캄보디아	캐나다	케냐	코모로	코스타리카
수도	도하	프놈펜	오타와	나이로비	모로니	산호세
국기						
국가명	코트디부아르	콜롬비아	콩고	콩고민주공화국	쿠바	쿠웨이트
수도	야무스크로	산타페데보고타	브라자빌	킨샤사	아바나	쿠웨이트
국기						
국가명	크로아티아	키르기스스탄	키리바시	키프로스	타이	타이완
수도	자그레브	비슈케크	타라와	니코시아	방콕	타이베이
국기						
국가명	타지키스탄	탄자니아	터키	토고	통가	투르크메니스탄
수도	두샨베	다르에스살람	앙카르	로메	누쿠알로파	아슈하바트
국기						
국가명	튀니지	트리니다드토바고	파나마	파라과이	파키스탄	파푸아뉴기니
수도	튀니스	포트오브스페인	파나마시티	아순시온	이슬라마바드	포트모르즈비

국기						
국가명	팔라우	페루	포르투갈	폴란드	프랑스	피지
수도	멜레케오크	리마	리스본	바르샤바	파리	수바

국기				
국가명	핀란드	필리핀	한국	헝가리
수도	헬싱키	마닐라	서울	부다페스트

02 직업

가수	가이드	간병인	간호사	개그맨
건축가	검사	경리	경비원	경제학자
경찰	경호원	공무원	과학자	교사
교수	국악인	군인	기상캐스터	기자(신문기자, 사진기자)
농부	도배공	도장공	동물사육사	동물학자
디자이너	리포터	마술사	만화가	매니저
모델	목사	목수	무용가	미술가
미용사	방송기자	배달원	배우	백댄서
번역가	변호사	분장사	비서	사서
사육사	사진기사	사회복지사	상담가	상인
생물학자	성악가	성우	소방관	소설가
수의사	수학자	스턴트맨	승무원	심리학자
아나운서	안무가	약사	에어로빅강사	엔지니어
연예인	영양사	외교관	운동선수	운전기사
은행원	음악가	의사	작가	작곡가
제빵사	통역사	프로듀서	회사원	

가계도

호칭 및 지칭에 대한 설명

구분	상황	호칭어 · 지칭어
1	내가 남자일때 ⑪의 남자 동기를 대상으로 할 때	형
	내가 남자일때 ⑪의 여자 동기를 대상으로 할 때	누나
	내가 여자일때 ⑪의 남자 동기를 대상으로 할 때	오빠
	내가 여자일때 ⑪의 여자 동기를 대상으로 할 때	언니
2	⑫나보다 나이 적은 동기가 남자일때 이에 대한 호칭 및 지칭	남동생
	⑫나보다 나이 적은 동기가 여자일때 이에 대한 호칭 및 지칭	여동생
3	⑤작은 아버지가 미혼일때 이에 대한 호칭 및 지칭	삼촌
4	내가 ⑪, ⑫의 자녀 혹은 사촌의 자녀를 대상으로 할 때	조카
5	⑩어머니가 ①할아버지를 대상으로 할 때	시아버지
	⑩어머니가 ②할머니를 대상으로 할 때	시어머니
6	⑨아버지가 ⑬외할아버지를 대상으로 할 때	장인어른
	⑨아버지가 ⑭외할머니를 대상으로 할 때	장모님

7	①할아버지와 ②할머니가 ⑩어머니를 대상으로 할 때	며느리
	⑬외할아버지와 ⑭외할머니가 ⑨아버지를 대상으로 할 때	사위
8	내가 여자일때 ⑪오빠의 아내 혹은 ⑫남동생의 아내를 부르는 말	올케
9	⑩어머니가 ③의 큰아버지를 대상으로 할 때	아주버님
	⑩어머니가 ⑨아버지보다 나이가 어린 삼촌을 대상으로 할 때	도련님
	⑩어머니가 미혼의 ⑦고모를 대상으로 할 때	아가씨
10	⑨아버지가 손위 누이의 남편인 ⑧고모부를 대상으로 할 때	자형, 매형
	⑨아버지가 손아래 누이의 남편인 ⑧고모부를 대상으로 할 때	매제
11	⑨아버지가 아내의 언니인 ⑰이모를 대상으로 할 때	처형
	⑨아버지가 아내의 동생인 ⑰이모를 대상으로 할 때	처제

04 과일

사진						
명칭	사과	바나나	수박	포도	딸기	배
사진						
명칭	귤	감	복숭아	망고	파인애플	자두
사진						
명칭	블루베리	키위	오렌지	앵두	참외	멜론

사진						
명칭	고구마	감자	옥수수	오이	가지	호박
사진						
명칭	고추	무	배추	양파	버섯	파
사진						
명칭	마늘	시금치	미역	다시마	부추	미나리
사진						
명칭	양배추	브로콜리	당근	토마토	콩나물	피망
사진						
명칭	상치	케일	콩	파파야	아스파라거스	깻잎

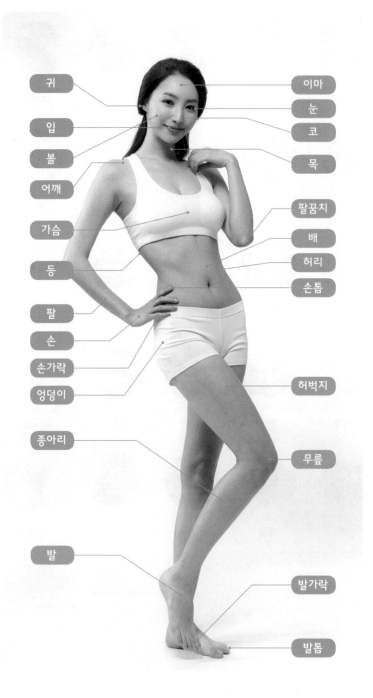

귀

이마

눈

코

입

볼

목

어깨

팔꿈치

가슴

배

허리

등

손톱

팔

손

손가락

엉덩이

허벅지

종아리

무릎

발

발가락

발톱

사진						
명칭	하얀색	까만색	파란색	노란색	빨간색	주황색
사진						
명칭	보라색	초록색	연두색	분홍색	하늘색	갈색
사진						
명칭	은색	금색	남색			

08 동물

사진						
명칭	기린	코끼리	호랑이	사자	사슴	노루
사진						
명칭	개	고양이	여우	늑대	토끼	코뿔소

사진						
· 명칭	캥거루	원숭이	뱀	표범	돼지	소
사진						
명칭	양	곰	닭	하마	낙타	물개
사진						
명칭	펭귄	쥐	독수리	까치	까마귀	앵무새
사진						
명칭	비둘기	갈매기	오리	거위	돌고래	말

09 한국음식

사진						
명칭	김치	불고기	김밥	비빔밥	돌솥비빔밥	갈비탕

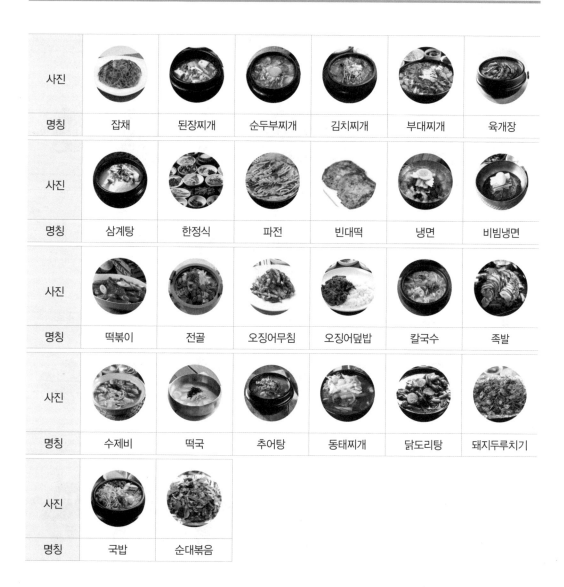

사진	잡채	된장찌개	순두부찌개	김치찌개	부대찌개	육개장
명칭	잡채	된장찌개	순두부찌개	김치찌개	부대찌개	육개장
사진						
명칭	삼계탕	한정식	파전	빈대떡	냉면	비빔냉면
사진						
명칭	떡볶이	전골	오징어무침	오징어덮밥	칼국수	족발
사진						
명칭	수제비	떡국	추어탕	동태찌개	닭도리탕	돼지두루치기
사진						
명칭	국밥	순대볶음				

조미료

사진	식용유	고춧가루	소금	설탕	꿀	된장
명칭	식용유	고춧가루	소금	설탕	꿀	된장

사진						
명칭	바지	치마	반팔	원피스	정장	남방
사진						
명칭	와이셔츠	블라우스	자켓	외투	코트	속옷
사진						
명칭	티셔츠	반바지	미니스커트	나시	양말	장갑
사진						
명칭	목도리	모자	후드티	점퍼	넥타이	운동복

사진						
명칭	연필	볼펜	종이	공책	가위	커터칼
사진						
명칭	자	스탬플러	지우개	필통	색연필	형광펜
사진						
명칭	싸인펜	연필꽂이	책꽂이	수첩	화이트(용액)	포스트잇
사진						
명칭	클립	압정	샤프	풀	스카치테잎	붓

사진						
명칭	휴지	세제	비누	샴푸	치약	면도기
사진						
명칭	칫솔	그릇	빗자루	쓰레기통	이불	수건
사진						
명칭	시계	전구	손전등	나침판	고무장갑	면봉
사진						
명칭	실, 바늘	병따개	컵	보온병	빨래집게	밴드(의약용)

자기소개서

제 목		자기 소개
소 재		①이름 ②나라 ③나이 ④직업 ⑤취미 ⑥인사말 ⑦희망
개요	처음	
	중간	
	끝	
본 글 1 (수정 전)		
본 글 2 (수정 후)		
강사 평가		

질문 내용	이름:	이름:	이름:
1. 어느 나라에서 왔어요?			
2. 나이가 몇 살이에요?			
3. 한국에서 무엇을 해요?			
4. 주말에 무엇을 해요?			
5. 생일이 언제예요?			
6. 무슨 음식을 좋아해요?			
7. 언제 한국에 왔어요?			
8.			
9.			
10.			

사 진

- 이름 :

- 성별 :

- 국적 :

- 직업 :

- 연락처 :

- 좋아하는 음식 :

- 취미 :

〈친구에게 한 마디〉

인물 정보	
1. 이름	
2. 나라	
3. 고향	
4. 생존기간	_____ 년 ___ 월 ___ 일 ~ _____ 년 ___ 월 ___ 일
5. 직업	
6. 한 일(업적)	① ② ③ ④ ⑤
7. 사람들이 좋아하는 이유	
글쓰기	
교사평가	

스타 정보	
1. 이름	
2. 성별	
3. 나이	
4. 나라	
5. 활동분야(직업)	
6. 주요 업적 또는 작품	① ② ③ ④ ⑤
7. 매력 포인트	
글쓰기	
교사평가	

우리집 약도 그리기

우리집

〈우리집 주변 장소 설명하기〉

우리집은

과제수행자 :   날짜 :

번호	과제 목록	과제 내용
1	관광지 이름	
2	위치(주소)	
3	교통편	
4	타는 곳	
5	내리는 곳	
6	차비	
7	시간	
8	입장료	
9	개방 시간	
10	역사	
11	특징	

번호	과제	정보
1	나라 이름	
2	교통수단 종류	
3	가장 대표적인 교통수단	
4	가장 싼 교통수단	
5	운행 방법(기름, 가스, 인력)	
6	역사(시작 시기)	
7	요금	
8	특징	

_____의 하루 일과표

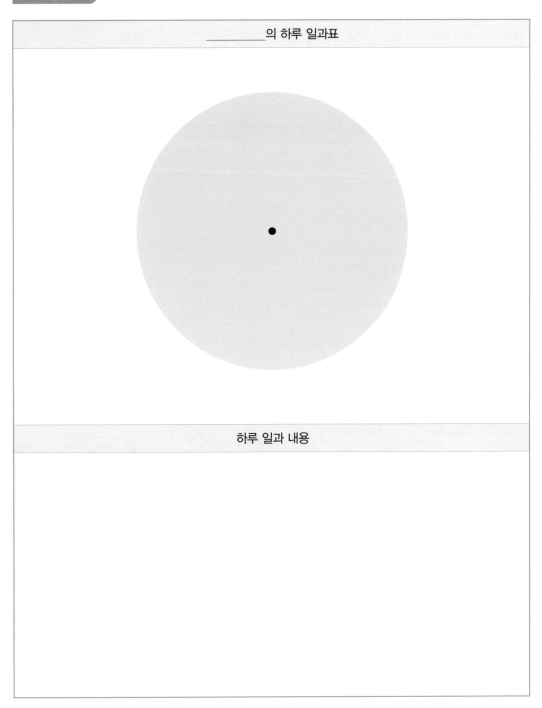

하루 일과 내용

날짜 :　　년　　월　　일	날씨 :
제목 :	

교사의 평가	

목록	1번	2번	3번
장소			
시간	~	~	~
인원	명	명	명
참가자 이름			
교통수단			
할 일			
볼거리			
먹을거리			
준비물			
비용	원	원	원

인터뷰대상자 :	인터뷰장소 :
인터뷰하는 사람 :	인터뷰시간 :

질문	대답
질문 1 동아리 이름이 뭐예요?	
질문 2 이 동아리는 무엇을 해요?	
질문 3 언제부터 동아리가 있었어요?	
질문 4 동아리 회원이 몇 명이에요?	
질문 5 동아리의 특징이 뭐예요?	
질문 6 회비가 있어요?	
질문 7 회원들은 얼마나 자주 만나요?	
질문 8 동아리에 가입하려면 어떻게 해요?	
질문 9	
질문 10	

이름	좋아하는 음식	내용
나	이름 : 나라 :	①재료 : ②맛 : ③색깔 : ④요리방법 :
친구 1	이름 : 나라 :	①재료 : ②맛 : ③색깔 : ④요리방법 :
친구 2	이름 : 나라 :	①재료 : ②맛 : ③색깔 : ④요리방법 :
친구 3	이름 : 나라 :	①재료 : ②맛 : ③색깔 : ④요리방법 :
친구 4	이름 : 나라 :	①재료 : ②맛 : ③색깔 : ④요리방법 :

	발표자	
		(음식 사진)
1	나라/지역	
2	음식 이름	
3	재료	
4	맛	
5	색깔	
6	요리방법	
7	건강음식인 이유	
8	음식의 특징	
9	주변 음식점	

질문		정보
음식점 이름		
음식점 위치		
메뉴와 가격		
영업 시간		
주방장 인터뷰	추천 메뉴	
	추천 이유	
	음식 재료	
맛집 후기 (느낀 점)		

(추천 음식 사진)

Memo

Date:

Memo   Date: .   .   .

Memo   *Date:*   .   .   .